民法典
与
国家治理

喻中 / 主编
阳李　李凌云　吴倩　侣连涛　张青卫 / 著

陕西新华出版传媒集团
陕 西 人 民 出 版 社

图书在版编目(CIP)数据

民法典与国家治理 / 喻中主编；李凌云等著．—西安：陕西人民出版社，2021.7

ISBN 978-7-224-14214-3

Ⅰ.①民… Ⅱ.①喻… ②李… Ⅲ.①民法—法典—研究—中国 ②国家—行政管理—研究—中国 Ⅳ.①D923.04 ②D630.1

中国版本图书馆 CIP 数据核字(2021)第 107999 号

出 品 人 赵小峰
总 策 划 宋亚萍
责任编辑 王亚嘉 文 博
封面设计 赵文君

民法典与国家治理

主　　编 喻 中
作　　者 阳 李 李凌云 吴 倩 佀连涛 张青卫
出版发行 陕西新华出版传媒集团 陕西人民出版社
（西安市北大街 147 号 邮编：710003）
印　　刷 西安市建明工贸有限责任公司
开　　本 787 毫米×1092 毫米 1/32
印　　张 6.75
字　　数 160 千字
版　　次 2022 年 3 月第 1 版
印　　次 2022 年 3 月第 1 次印刷
书　　号 ISBN 978-7-224-14214-3
定　　价 58.00 元

序

民法典对国家治理的支撑作用，已经成为一个普遍性的共识。这样的共识不仅见于当代中国，而且早已显现于世界历史。在这里，倘若略做追溯，即可以看到，在民法的演进史上，第一个重要的标志性成果就是罗马法。“德国法学家耶林说过，罗马人曾三次征服世界，第一次用武力，第二次用宗教，第三次用法律。”①耶林还进一步指出，较之于武力与宗教，法律对世界的征服更为持久。耶林所说的“罗马人”的“法律”，就是指罗马法，其主体部分就是罗马民法。耶林关于罗马法的评论，主要着眼于“征服世界”。在和平与发展已经成为世界潮流的当代，如果我们暂时搁置这种“征服世界”的视角，如果我们对耶林的观点进行创造性的推演，那么，我们就可以合乎逻辑地得出这样的结论：运用民法治理国家，能

---

① 徐国栋：《查士丁尼及其立法事业——兼论法典法的弊端及补救》，《法律科学》1990 年第 5 期。

够获得更为持久的效果。

倘若把罗马法看作是民法在人类历史上的第一次闪亮登场，那么，人类历史上第一部严格意义上的民法典，则是1804年的《法国民法典》，亦即《拿破仑法典》。据说，“拿破仑的积极参加制定，对于该法典的胜利草成起了决定性的作用。他在法国枢密院中对草案讨论的积极参与，大大地影响了很多条文的形成”①。正是由于这个缘故，“1807年和1852年，该民法典曾先后两次被命名为《拿破仑法典》，以纪念他的贡献。拿破仑也曾自夸地说：‘我的光荣不在于打胜了四十个战役，滑铁卢会摧毁这么多的胜利……，但不会被任何东西摧毁的，会永远存在的，是我的民法典。’”②一代豪杰拿破仑如此看重民法典，甚至把民法典放置在他的四十个胜仗之上，足以表明，在拿破仑的价值体系中，尤其是根据他的“晚年定论”，民法典高于武功，民法典事关全局，民法典垂范长远，民法典对国家治理具有持久的支撑作用。

较之于《法国民法典》，更能够体现民法典对国家治理的支撑作用之“样板工程”，乃是1896年通过、1900年正式施行的《德国民法典》。事实上，早在1814年，德国法学家蒂堡就发表了《论制定一部德意志统一民法典之必要性》一文。在这篇论文中，蒂堡认为：“我们的民法需要整体的、快速的变革。只有德意志所有邦国一致行动，来起草一部不掺杂各邦恣意的、为全德意志制定的法典，德意志人在民事关系上才有幸

---

① ［法］拿破仑：《拿破仑法典（法国民法典）》，李浩培等译，商务印书馆2011年版，“译者序”，第3页。

② ［法］拿破仑：《拿破仑法典（法国民法典）》，李浩培等译，商务印书馆2011年版，“译者序”，第4页。

福可言。”①这就是说，必须有一部为全德意志制定的民法典，才能保证德意志人在民事关系上的幸福。针对这样的倡议，萨维尼在同年发表了影响深远的法学名篇《论立法与法学的当代使命》，要求以更加审慎的态度对待《德国民法典》的制定。萨维尼对蒂堡的批评，在德国引发了旷日持久的大讨论。这场关于德国民法典的大讨论，既推迟了《德国民法典》的制定与实施，同时也进一步凸显了民法典对国家治理的重要意义。

在《德国民法典》施行了120年后，《中华人民共和国民法典》已由十三届全国人大三次会议于2020年5月28日通过。随着这部民法典自2021年1月1日起正式实施，一些值得我们思考的问题越来越清晰地浮现出来：在当代中国的语境下，民法典与国家治理的关系是什么？民法典对国家治理的意义是什么？如何全面理解民法典对国家治理的支撑作用？这些相互关联的问题，既是实施民法典需要考虑的根本问题，更是国家治理需要考虑的根本问题。在这样的背景下，陕西新华出版传媒集团党委委员、总编辑，陕西人民出版社总编辑宋亚萍注意到了这样一些根本问题。2020年8月，她建议我针对民法典与国家治理这一主题进行相关研究。经过反复的探讨，我们认为民法典对国家治理的支撑作用主要体现在经济、政治、文化、社会与生态五个方面。基于这样的认知，我约请了五位勤学善思的青年学者阳李、李凌云、吴倩、佀连涛、张青卫分别聚焦于不同的方面进行研究，力求阐明民法典对国家治理的各个方面的支撑作用，由此形成了这部书稿。但愿此书的出版，能够有

① ［德］蒂堡：《论制定一部德意志统一民法典之必要性》，傅广宇译，商务印书馆2016年版，第12页。

助于更深地理解民法典与国家治理之关系。

按照本书各章的顺序，五位撰稿人分别是成都中医药大学的阳李博士（第一章）、北京物资学院的李凌云博士（第二章）、中国政法大学的博士研究生吴倩（第三章）、山东科技大学的佀连涛副教授（第四章及第五章第一节）、西安财经大学的张青卫博士（第五章第二、三、四节）。在把五位撰稿人的研究成果汇编成书的过程中，张青卫博士耐心细致地协助主编整理加工，奉献良多，特此致谢。

喻 中

2021 年 6 月

目录

第一章　民法典与社会主义市场经济

从中国《民法典》的诞生史来看，自20世纪50年代起，我国一共四次尝试起草、编纂《民法典》，均未能成功。究其深层原因，在新中国成立后直至改革开放前，民法在计划经济时代可以发挥作用的空间较为有限，自然较难获得足够关注；在改革开放逐渐起步乃至初步探索社会主义市场经济之时，国家已经意识到民法在确立市场基本规则和护航经济发展等方面的显著性作用，但由于种种原因，国家对民法的重视程度略显不足。总体可以认为，在长达半个多世纪的时间里，《民法典》所涉的法律本质、行为准则和核心功能尚未获得一致认知。2014年11月，党的十八届四中全会提出编纂《民法典》时，将“编纂民法典”之语句置放于“加强市场法律制度建设”之后，其政策考量，显然意在强调《民法典》对于社会主义市场经济的重要作用。《民法典》的最终通过，从立法价值来看，表明国家最高立法意志在经历相当长时间的犹豫、徘徊和试探后，终于对民法的应有地位有了准确的认知和坚决的态度。①

《民法典》通过前，我国已经制定诸如《民法总则》《物权法》《合同法》等有关市场经济的法律规则，社会主义市场经济的基本法律体系已经大致完备，只是尚未进行体系化和逻辑化的整理。从《民法典》文本和现行法律文本的对比来看，《民法典》至少四分之三的条文直接来自现行法，所以，我国《民法典》属于汇编式法典而非革新式法典。②在这个角度上可以认为，编纂《民法典》的经济意义不在于经济体制改革，而在于促进我国社会主义市场经济的纵深发展。以结构—功能主义的视角观之，通过《民法典》可以实现民事立法的科学化。③在《民法典》颁布之前，已有的民事单行法产生于不同的时期，服务于不同的政治、经济政策目标，彼此之间可能存在不匹配甚至强烈冲突，对社会主义市场经济的发展造成一定困境。编纂《民法典》之目的，就在于结合我国社会经济发展的总目标，按照已达成基本共识的行为逻辑原则，协调相互冲突的民事法律规则，形成一整套逻辑严密的法律体系。

---

① 龙卫球：《中国〈民法典〉的立法价值》，《探索与争鸣》2020 年第 5 期，第 21 页。

② 石佳友：《解码法典化：基于比较法的全景式观察》，《比较法研究》2020 年第 4 期，第 26 页。

③ 薛军：《当我们说民法典，我们是在说什么》，《中外法学》2014 年第 6 期，第 1406 页。

社会主义市场经济体制的核心要素主要有三：市场主体、产权体系和交易规则。从这三个核心要素切入，我们可对《民法典》完善社会主义市场经济体制的路线展开分析：首先，《民法典》扩大市场主体的范围，全面确认市场主体的法律资格，并赋予其平等的法律地位；其次，《民法典》丰富市场主体的现有产权规则，并结合信息技术的发展构建开放多元的产权体系；最后，立足于我国实际情况，《民法典》充实市场交易规则的基本要求，并对市场交易的具体规则进行了进一步的完善。

第一节　民法典确认市场主体的资格

一、民法典全面确认市场主体的法律资格

市场主体亦即民事主体。《民法典》划分了三类市场主体，自然人、法人和非法人组织。作为市场主体最为原始和基础的表现形式，自然人至今仍然是市场主体的重要组成部分。《民法典》将法人分为三种，营利法人、非营利法人和特别法人。营利法人和非营利法人系根据法人组织是否具有营利性职能所作的区分，是基于功能主义的二分法人分类。[①]作为经济活动中分量最重、活跃度最高的市场主体，营利法人是市场经济体系中数量最多、占据份额最大的市场主体。非营利法人虽然不以获取利润为运作取向，但在履职时可能成为具体经济行为的参与方，且以自身全部财产独立承担民事责任，自然可归于市场主体之列。特别法人是《民法典》立足我国国情和社会实

① 张新宝：《从〈民法通则〉到〈民法总则〉：基于功能主义的法人分类》，《比较法研究》2017 年第 4 期，第 17 页。

践对具有独特功能的法人组织所作的单列规定，原因在于二元的功能主义分类难以将法人的类型囊括，例如农村集体经济组织，虽然在形式上似乎可以归为营利法人范畴，但在具体组织成员的组成上却具有较强的封闭性、关联性和地域性，这与营利法人的组织机构大相径庭；又如基层群众性自治组织（居委会和村委会等），在履行部分公共职能时已经带有些许公权力性质，既不是营利法人，也不是非营利法人。值得一提的是，《民法典》确认机关法人的民事主体资格，明确其可以平等参与因职能所需的必要民事活动。《民法典》缓和了行政主体作为民事主体参与民事活动的单向性和严苛性，相对人的交易意愿得到了更好的尊重。①

非法人组织的民事主体地位早在1986年《民法通则》通过前后即有过激烈讨论，彼时的主张主要有三，否认非法人组织具有民事主体的法律地位，②或将其在不同程度上纳入法人主体的理论体系之中，③或认为其应归于自然人和法人之外的第三类民事主体。④实际上，是否能够成为独立的民事主体，取决

---

① 王利明：《民法典：国家治理体系现代化的保障》，《中外法学》2020年第4期，第853页。

② 王利明：《民法总则研究》，中国人民大学出版社2012年版，第330页。

③ 龙卫球：《民法总论》，中国法制出版社2002年版，第411页；尹田：《论非法人团体的法律地位》，《现代法学》2003年第5期，第12页。

④ 郑跟党：《试论非法人组织》，《中外法学》1996年第5期，第34页；赵群：《非法人团体作为第三民事主体问题的研究》，《中国法学》1999年第1期，第3页；夏旭阳：《非法人组织的法律地位及其立法模式——兼评〈民法（草案）〉总则有关条文》，《法学杂志》2005年第4期，第121页。

于其是否可以作为法律关系的参与者、法律行为的实施者以及具体权利与义务的承担者，现实生活中积极参与各类经济活动的非法人组织的广泛存在已经证明其具有独立民事主体法律地位的客观性和正当性。①在立法范畴上，《合伙企业法》《个人独资企业法》等单行法和行政法规也直接突破二元的民事主体结构体系，赋予非法人组织相应的法律地位。《民法典》通过立法确认非法人组织独立的民事主体资格，不仅是对我国市场主体实际运行状况的立法确认，符合我国经济实践，也直接对市场主体的多元化需求做出回应。不过，非法人组织虽然取得民事主体的独立法律地位，但尚不能完全独立承担民事责任，其出资人或设立人需要对其债务承担无限责任，体现出较强的人身依附性，所以还不是完全独立的责任组织，如果要对非法人组织的认知做一个轮廓式的界定，可以认为其民事权利能力和民事行为能力大致界于自然人和法人之间。《民法典》并未对非法人组织的成立要件作出明确规定，除了不具有法人资格、依法成立、登记或批准外，结合民法基本原理，非法人组织还应当具备一定的组织性和独立性，目的在于使得非法人组织不与其出资人或设立人的人格完全混同。②如果非法人组织要成为市场主体，从市场交易的基本要求来看，还应当具有独立的财产。

非法人组织是一个尚未完全达成共识的概念，其定义、机理和特征在理论界和实务界均存在多种不同甚至对立的解读，

---

① 肖海军：《非法人组织在民法典中的主体定位及其实现》，《法商研究》2016 年第 2 期，第 131 页。

② 张新宝、汪榆淼：《〈民法总则〉规定的“非法人组织”基本问题研讨》，《比较法研究》2018 年第 3 期，第 68 页。

其囊括的具体组织类型也存在争议（例如业主委员会的法律地位[①]），所以《民法典》采用列举加兜底的形式做了开放式的基本规定。总体而言，赋予更多主体以参与市场交易的法律资格，既有助于各类市场主体选择从事生产经营活动时的具体经营方式，也有利于进一步促进良性竞争和繁荣市场交易。[②]

二、民法典赋予市场主体平等的法律地位

《民法典》总则编赋予市场主体平等的法律地位，提出平等保护市场主体的财产权利，物权编要求法律平等保护市场主体的物权，因此，任何市场主体的法律地位都不因所有制和组织形式的不同而不同，亦不享有任何法律上的特权。市场主体法律地位的平等与否不仅是法律条文的抽象价值，更是一种策略性的、原初性的资源配置方式，并对市场主体后续的利益分配比重有着直接的、深刻的影响。如果市场主体法律地位的不平等程度较高，那么在具体的资源配置方式上，法律地位较高的市场主体会得到更多的体系性的青睐。长此以往，法律地位的不平等将会具化并形塑为市场主体在政治、社会以及财富等方面的稳固性的、不平等的地位。但是，此种稳固性的、不平等的地位并不利于社会的进步，因为市场主体的等级区分可能导致无法获得交易机会的大量低层级市场主体的发展潜力被浪费，导致整体产出效率降低，而社会的整体繁荣和发展进步必

---

① 陈亚军：《业主委员会法律地位分析》，《甘肃行政学院学报》2004年第4期，第116页；彭建军：《业主委员会的法律地位分析》，《中南民族大学学报》（人文社会科学版），2006年第5期，第99页；代艳丽、付立明：《业主委员会法律地位探析》，《求索》2013年第5期，第181页。

② 谢鸿飞：《〈民法典〉是市场经济的基本法》，《经济参考报》2020年5月19日第008版。

须创造使得绝大多数市场主体能够获得平等交易机会进而推陈出新的激励机制。①综合全球主要国家的历史发展轨迹不难发现，能够迈入繁荣昌盛序列并长期保持该状态的国家，大多是因为创造出平等的社会整体环境，如果不平等制度化，社会总体的效率通常较低，难以维系经济的长期性和稳定性增长。

市场主体法律地位不平等一直是我国经济发展的沉重痼疾，这在国有企业和民营企业的竞争发展中体现得尤为明显。从基本经济制度的视野来看，民营企业的地位一直在以公有制为主体地位的基本框架下起步、发展和前行。自 1978 年改革开放以来，我国民营企业的政治地位在陆续历经“尾巴论”“补充论”“阶段论”和“组成部分论”后，在党的十八届三中全会获得同国有企业相同的政治地位，即“两个都是论”。②但是，在法律法规乃至规范性文件等操作实践中，国有企业和民营企业的不平等地位仍然十分突出。《反垄断法》第七条对国有企业的三种垄断经营行为予以豁免，如果说关系国民经济命脉和国家安全的行业由国有企业进行独占经营具有正当性和合理性，那么烟草等专营专卖行业的优势地位还能得到法律确认则难以理解。③相关政策性文件也一直强调国有经济的主导作用，即使在“两个都是论”发布后，在提及国企改革的目标时，增强国有经济控制力、支配力和影响力等仍然屡被主流官方媒体

① 范从来、张中锦：《收入分配与公平发展的实现》，《学术月刊》2015 年第 10 期，第 55 页。

② 《中国共产党第十八届中央委员会第三次全体会议公报》，2013 年 11 月 12 日中国共产党第十八届中央委员会第三次全体会议通过。

③ 范思立：《专营专卖亦可无》，《中国经济时报》2016 年 6 月 29 日第 004 版。

提及。①

国有企业和民营企业地位的不平等在行业进入壁垒、倾斜化的行政资源配置方式以及合并重组等方面均有直接体现，在先天性的制度优势下，国有企业取得亮眼的经营业绩。2020 年全球 500 强企业中，中国公司上榜数量首次超越美国。然而，亦不难发现，入围全球 500 强的国企以石油、银行、电力、煤炭等垄断性行业居多。如果以更能反映市场经营能力的其他市场性指标进行对比，国企的优势就不一定能够得到维持。以 2008—2016 年作为时间区间，国有企业的平均净资产收益率（8.91%）不足民营企业的一半（19.38%），表明国有企业盈利总量的提升系以重组所致的规模提升为基础，总体盈利能力并未获得同比例提升；国有企业的总资产贡献率（11.54%）也低于民营企业（20.08%），表明前者的资产经营能力弱于后者；国有企业的平均成本费用利润率（6.31%）同样低于民营企业（7.58%），说明前者的经营效率低于后者，抛开其他固定性因素的影响，国有企业超大规模产生的高昂管理费用是主要原因。②实际上，如果从宏观的视角来看，改革开放至今，民营企业已经取得巨大成就。从经营规模、营业额和利润等绝对指标来看，国有企业占据优势地位，但就经营效率、管理能力等相对指标而言，民营企业却是强者。

获得优势地位的国有企业却有着不如民营企业的经营效率。原因之一在于国有企业治理结构的模糊性导致经营成本居

---

①《深化改革增强国有经济活力控制力影响力》，《人民日报》2014 年 1 月 22 日第 10 版。

②戚聿东、张任之：《国有企业与民营企业竞争状况比较及其改革建议》，《中国价格监管与反垄断》2018 年第 3 期，第 19 页。

高不下。全民主体的委托人资质缺位和委托代理链条过长是我国国企治理问题的症结所在。①虽然委托代理问题是所有权与经营权分离的企业都面临的问题，但与产权清晰的民营企业相比，国有企业的公有产权加剧了这一问题。即便忽略抽象意义上的全民主体，从履行出资人职责的国资委到国有企业集团母公司再到国有企业集团子公司直至国有企业具体管理层，在代理链条中，除了位于链条起点的初始委托人和链条终点的最终代理人之外，链条中的其他人均集委托人和代理人的身份于一身，彼此的利益冲突和信息不对称直接导致国有企业的经营过程产生权责不清、代理成本过高和运转效率较低等现象，而模糊的治理结构又导致国有企业广为诟病的“内部人控制”现象频发，进一步降低了国企的经营效率。原因之二在于国有企业所处的体制性环境所致的激励机制扭曲。企业存在的根本目的在于追求利润，利润的提高意味着企业经营的成功。对于国有企业的高管人员而言，这一基本经济逻辑并不一定成立。国有企业高管人员的职位晋升和薪酬水平并非完全由其经营绩效决定，而是有着多重因素的影响。就权限范围而言，国有企业高管人员通常只在一定的权限范围内享有企业资源的使用权和处分权，重大决定还需国资委甚至政府批准。所以，国有企业高管人员缺乏提升经营效率的充分激励。原因之三在于国有企业承担大量社会责任。作为政府实现公共性职能的主要工具之一，具有更多制度性约束的国有企业所承担的社会责任在各个

① 蒋建湘：《委托代理视角下国企公司治理的改进》，《法律科学》（西北政法大学学报）2014 年第 6 期，第 158 页。

方面都甚于民企，尤其在具体的社会责任方面。[1]除了企业对经济、环境等负有的常规性责任外，国有企业还承担着诸如民生建设、助力国家战略目标、维护社会稳定等非市场化责任。[2]社会责任的存在，在一定程度上对国有企业的经营效率有所制约。

法律地位的不平等直接导致市场主体在政治权力、市场准入和交易机会等方面的实质不平等，占据优势地位的市场主体取得的经营业绩，有一部分是以牺牲劣势地位市场主体为代价而取得的。更为重要的是，法律地位的不平等具有长期自我复制的强烈倾向，其产生的次生不平等现象所带来的对经济和社会的负面影响更为强烈和广泛。世界银行将其称为“不平等陷阱”。[3]国际货币基金组织的实证研究亦表明，平均来看，如果不平等水平下降10个百分点，预期的经济持续增长时间将会增加50%。[4]不平等的代价是巨大而且多元的。

---

① 丁晓钦、陈昊：《国有企业社会责任的理论研究及实证分析》，《马克思主义研究》2015年第12期，第68页。

② 陈承、万珊、朱乐：《国企高管薪酬与企业社会责任——组织冗余与市场化进程的调节作用》，《中国软科学》2019年第6期，第129页。

③ 世界银行：《2006年世界发展报告：公平与发展》，清华大学出版社2006年版，第33页。

④ Stiglitz, Joseph E. 8. Inequality and Economic Growth, *The Political Quarterly*, 2016, 86: 134 - 155.

第二节　通过民法典完善产权体系

一、民法典丰富市场主体的现有产权规则

如果交易成本为零，且可以通过市场重新安排权利，那么权利的初始界定无碍于资源配置的效率；真实世界中的交易成本并不为零，只有权利得到重新安排后的收益增加值大于其成本时，权利的重新安排才有可能进行下去，也就是说，真实世界中权利的初始界定会对资源配置的效率产生显著影响；如果转移和合并权利的市场交易成本极为高昂，那么最优的权利安排方式和最高的资源配置效率或许永远无法实现。[①]根据科斯定理对于产权和交易成本的解读，从建设市场经济的产权视角来看，法律可以承担三个方面的功能：首先，法律通过对初始权利的划分，直接对资源的原初配置做出界定，例如，宪法规定，我国的土地所有权归于国家或集体，不得进行买卖；其

① Coase, R., The Problem of Social Cost, *Journal of Law and Economics*, 1960, 3(1): 1-44.

次，为了提升资源的配置效率，创造更大的经济效益，法律可以从权利的相对性和相互性入手，做出更具经济性的权利安排。①虽然土地不能直接进行买卖，但土地所有权属下的其他权利可以进行市场化的交易；最后，法律应当尽可能地降低交易费用，尤其是应当创造充分的条件，使得交易费用低于权利之间转移所产生的收益，通常，具体的交易费用应当主要通过市场交易的方式求得。

我们以《民法典》对农村土地经营权的规定做一探析。改革开放前，我国农村集体土地所有权的实现方式是典型的计划经济方式：土地归集体所有并由集体负责经营。在农业集体化初期，土地归集体所有和经营，降低了农业基础设施的建设成本，在经济水平低下、物资匮乏的时期可以有效提升农产品的供给效率。但是，吃大锅饭的平均主义分配方式使得此种模式无力进一步提升生产效率，甚至连基本的温饱问题都无法解决。改革开放后，农村集体土地所有权开始施行“两权分离”，并取得举世公认的改革成果。从形式上看，土地归集体所有和经营时，所有者和经营者为同一主体，权利的充分实现仅需集体的单一行为即可。但是，集体是由个体组成，集体享有的权利能否充分实现则依赖于个体的行为，个体享有的权利能否实现是直接决定集体权利是否实现的关键。“两权分离”的核心就在于将单一的权利一分为二，农户个体的土地承包经营权获得有效依据，亦就保障了集体所有权的充分实现。不过，“两权分离”制度提升农业生产效率有一个隐

---

① 喻中：《科斯的法律经济学思想述论——读〈企业、市场与法律〉》，《政法论坛》2014 年第 3 期，第 165 页。

含的前提：农户只有农业生产经营活动这一项职业可供选择。① 在享有土地承包经营权后，在无其他职业选择时，农户在农业生产经营活动的作为和不作为之间应当如何抉择，是一个自不待言的命题。在20世纪70年代后期以及80年代前中期，这个隐含的前提也确实有效存在。但是，随着社会主义市场经济建设的逐步推进，"两权分离"所面临的外在环境慢慢发生变化，农户除了农业生产外，还可以从事经商、务工等多种职业选择，收益相对较低的农业生产不再是农户的最优选择。此时，土地抛荒、碎片化经营等现象陆续出现，农业生产经营效率下滑。

权利的持有者怠于行使权利，那么就应当使权利可以从持有者流转至能够使该权利产生效益最大化的第三方，从而实现帕累托最优，这是科斯定理的应有之义。然而，在"两权分离"制度下，土地承包经营权虽然在制度上可以流转，但却受到诸多政策约束，种种限制使得土地承包经营权的流转范围过于狭窄、流转价格无法实现市场定价机制，农户的权利无法真正流转起来。随着城乡一体化趋势的加快，农业生产经营现代化、规模化和市场化已经成为现实之需，为了回应对土地权利

① 廖洪乐：《农地"两权分离"和"三权分置"的经济学与法学逻辑》，《南京农业大学学报》（社会科学版）2020年第5期，第113页。

的合理需求，国家已在纲领性文件和部分法律中直接作出回应。①

《民法典》对土地承包经营权利体系进行合理分解，将其二分为土地承包权和土地经营权，充实土地的现有权利体系。从《民法典》的具体条文来看，土地经营权可以极大地激发土地权利流转的活力。首先，土地承包经营权人可以通过多种方式（除出租、入股等明文规定外，《民法典》还对其他合法流转方式持开放性态度）向他人流转土地经营权，与土地承包经营权的流转将导致承包方丧失土地承包经营权不同，土地经营权的流转不仅可以促进土地经营的市场化运作，同时土地承包经营权人还可以继续持有土地承包权。其次，《民法典》删除农村土地不得抵押的规定，将土地经营权纳入可抵押财产的范畴，土地承包经营权人和土地经营权人都可以通过土地经营权实现融资担保，极大地释放了土地的融资功能。②从经济学的基本逻辑来看，与土地经营权的转出户相比，转入户可以有效提高土地经营效率，即转入户的总收益大于转出户的土地经营收益与流转成本之和。如果持有经营的土地达到经营规模的最适值，转入户还会激发因规模经营而获得规模效率的更大激励。

① 2016年中办和国办联合发布《关于完善农村土地所有权承包权经营权分置办法的意见》，正式提出“三权分置”；2018年《农村土地承包法》修改时对土地经营权的流转作出规定，明确农村土地所有权、土地承包经营权和土地经营权并立的三权结构，并规定土地经营权是土地承包经营权再分离出来的权利。参见龙卫球：《民法典物权编“三权分置”的体制抉择与物权协同架构模式——基于新型协同财产权理论的分析视角》，《东方法学》2020年第4期，第90页。

② 房绍坤：《土地经营权入典的时代价值》，《探索与争鸣》2020年第5期，第13页。

再以居住权为例。居住权是《民法典》对用益物权之权利体系的完善，其机理在于通过分立住宅的所有权和居住权，使居住权人获得占有、使用他人住宅的权益。在现有权利体系中，法定赡养义务、附条件的遗嘱、遗赠和赠与等似乎都可以在一定程度上实现同居住权相类似的功能。然而，基于权利的相对性，相关人的居住权只能约束相对方。例如，被赡养人的居住权只能约束赡养义务人，遗嘱人和遗赠人的居住权只能约束遗嘱相对人和受遗赠人。同理，赠与人的居住权只能约束受赠与人。如果相对方将住宅出租或出售，那么权利人享有的居住权便会因为权利的相对性而无法获得有效保护。①《民法典》将居住权明确为用益物权，具有优先于所有权的效力，另外，居住权登记后具有对抗第三方的效力，因而有力保障了居住权的实现。实际上，早在《物权法》立法之际，草案中就曾包含居住权的条文，当时的立法目标在于“切实保护老年人、妇女以及未成年人居住他人房屋的权利”，由于适用面过于狭窄而被删除。②此次居住权之所以能够获得立法通过，除了可以有效保护弱势群体的权利外，居住权还发掘了住宅的投资性价值，改变了住宅在归属和使用上非此即彼的刚性模式。③居住权使得住宅所有权的权利分配方式更为多元化，使得有限和单一的住宅资源满足多个主体的实际需求成为

---

① 辜明安、蒋昇洋：《我国〈民法典〉设立居住权的必要性及其制度构造》，《西南民族大学学报》（人文社科版）2020 年第 2 期，第 110 页。

② 申卫星、杨旭：《中国民法典应如何规定居住权？》，《比较法研究》2019 年第 6 期，第 67 页。

③ 鲁晓明：《“居住权”之定位与规则设计》，《中国法学》2019 年第 3 期，第 228 页。

可能。

二、民法典构建开放多元的产权体系

受限于立法者认知水平以及社会快速发展等因素的影响，法律的滞后性通常不可避免，而立法程序的谨慎和严苛，也使得立法过程具有较长的周期，进而加剧法律的滞后性。在我国已有的立法记录中，比较常见和普遍的立法周期是3至5年。①以2016年6月全国人大常委会首次审议《民法总则（草案）》作为立法时间的起算点，直至2020年5月《民法典》获得通过，我国《民法典》的立法周期亦有四年。如果考虑到法典更为突出的科学化和系统化等特点，以及在凝练市场主体最普适的行为规则时显示出的较高成熟性和稳定性，那么较一般法律而言，《民法典》在规制具体事务时所展现出的滞后性可能有过之而无不及。

通过原则性和指导性的立法方式，《民法典》在财产领域构建了开放多元的产权体系。对于网络虚拟财产，《民法典》将其列入“民事权利”一章中，虽未提及其法律性质，但确定法律对网络虚拟财产的保护有规定的则从其规定，该条文似乎一定程度上承认网络虚拟财产的权利属性。实际上，不仅立法没有对网络虚拟财产的法律性质作出规定，学界从不同的维度以及特性展开分析，对网络虚拟财产的法律定位也存在多种不同的解读，例如债券说、物权说、邻接权说、知识产权说、新型财产权说等。在实务案例中，司法机关对网络虚拟财产的态

---

① 吴志攀：《“互联网+”的兴起与法律的滞后性》，《国家行政学院学报》2015年第3期，第39页。

度亦未达成统一认知。纵观学术界和实务界对于网络虚拟财产法律性质的各类认知不难发现，既有观点大多是从民法理论或民事法律制度的原理或规定出发，本质上并未突破民法体系下物债二分的基本分析框架。①

如果从网络虚拟财产的基本固有属性展开分析，或许可以进一步加深对其财产权利属性的理解。首先，网络虚拟财产并不“虚拟”，具有真实存在的客观性。客观性是认知网络虚拟财产的逻辑前提，只有能够被客观感知的物才可能在人与人之间、人与物之间形成稳定的社会关系。作为存储于网络服务器中的电磁记录，网络虚拟财产本质是二进制数据“0101”的复杂组合，能够通过多种方式在现实世界中获得真实感知。其次，网络虚拟财产具有价值性。以网络游戏装备为例，用户可以通过两种方式获得所需游戏装备，一种是直接购买，另一种是付出时间和精力、通过特定的方式（练级等）获得。用户之所以意欲获取网络游戏装备，即在于可以从中获得精神上的满足或金钱上的收入，产生了某种价值。②网络虚拟财产的价值性与稀缺性如影随形，虽然从理论上讲，网络虚拟财产可以被无成本、无限量地复制，但是如果此种复制导致存量超过需求量，那么其价值性就将下滑。③所以，尽管法律性质没有得到明确界定，但网络虚拟财产的财产属性应当受到法律保护，《民

① 陈兵：《网络虚拟财产的法律属性及保护进路》，《人民论坛》2020年第27期，第91页。

② 邓社民、李炳录、韩金山：《再论网络虚拟财产的法律性质——以玩家对网络游戏装备享有的权利性质为视角》，《新疆大学学报》（哲学·人文社会科学版）2019年第5期，第31页。

③ 蔡兴鑫：《虚拟财产的法律属性及刑法保护路径研究》，《东南大学学报》（哲学社会科学版）2019年第S1期，第16页。

法典》的开放性和原则性规定为网络虚拟财产的后续发展预留了充足空间。

为了实现物尽其用，《民法典》扩大了担保财产的类型和范围。担保财产存在之目的在于保障债权的实现，担保财产的价值多寡决定债权实现的概率高低，所以，担保财产以不动产或其他实体物、有形物等类型居多。为了确保担保物权的有效实现，《担保法》对抵押财产的范围予以释明，除明确房屋、机器等可以成为抵押财产外，《担保法》采取法定主义原则，强调“依法可以抵押的财产”才能为抵押财产。在我国市场经济起步时期（《担保法》于 1995 年通过），为了确保交易的安全，对抵押财产采取法定主义原则具有合理性和必要性。但是随着经济和科技的飞速发展，社会财富的总量和具体形式都日趋多元，抵押财产的范围应当做出与时俱进的调整，尽管《物权法》对抵押财产的范围进行一定程度的扩大，但仍稍显不足，存在较大进步空间。①从经济学和法学的逻辑来看，只要具有价值并且能够为债权人和债务人双方达成共识的物都可能成为抵押财产，过于狭隘的抵押物范围使得绝大多数具有价值的物无法进入担保功能体系，无疑将缩减市场容量，直接导致社会财富的“沉淀”。②《民法典》采取列举加兜底的方式对抵押财产的类型和范围进行较大程度的扩充。在列举抵押财产的类型时，明确海域使用权可以成为抵押财产，鉴于海

① 从历史的视角来看，担保标的物由土地到建筑物、不动产到动产、有形资产到无形资产、现有资产到将来取得资产、单一物到集合物、固定资产到流动资产，均可自担保物权法发展历程中找到轨迹。参见谢在全：《担保物权制度的成长与蜕变》，《法学家》2019 年第 1 期，第 40 页。

② 高圣平：《〈民法典〉物上担保制度的发展与社会变迁》，《探索与争鸣》2020 年第 5 期，第 25 页。

域使用权大多为生产、经营之营利目的而设立，这扩大了养殖业、采矿业等海域使用者的融资渠道；确认在不随意改变土地用途之前提下，集体所有土地的使用权也可成为抵押财产，为农村集体经济组织和农户的权利流转提供了法律依据，有助于实现农业生产的现代化；同时，《民法典》沿袭了物权法的规定，只要法律、行政法规未禁止抵押的，都可以成为抵押财产，这一开放式的规定不仅充分尊重当事人的约定，也为目前尚未出现、日后可能出现的新型财产成为抵押财产留下预定空间。

第三节　民法典对市场交易规则的形塑

一、民法典充实市场交易规则的基本要求

除了平等、意思自治等私法的基本交易规则外，《民法典》对市场交易规则做了与时俱进的更新。首先是绿色规则。《民法典》在总则编提出民事活动的绿色指引，即各类民事活动之进行应当“有利于保护生态环境”，从文本表述来看，该条文系正面的倡导性规定。在合同编中，对应的条文变为“合同的履行……应当避免污染环境和破坏生态”，对民事活动提出更为强烈的反向约束性限制。从正向引导到反向限制，《民法典》在意思自治占据主导地位的合同领域添加了绿色规则，对生态文明的呼声做出立法上的回应，充分体现了绿色规则对于市场经济活动的价值导向。《民法典》之所以对市场交易规则提出绿色要求，原因在于市场主体的理性经济人逻辑在创造巨额财富、促进经济发展的同时亦可能为生态环境带来较为严重的负外部性。在有限的时间、有限的资金等诸多约束性条件下，短时间内尽可能获取最大收益是理性经济人的基本逻辑，

这意味着市场主体将采取投机主义的运作方式。投机主义在法律上的后果表现为，只要市场主体依照现行法律规定承担各种经济性法律义务（包括因违法行为所致的经济性法律义务），那么就无须对污染环境或破坏生态等行为承担进一步的责任，亦无须考量此种行为可能在未来产生的对整个生态环境和社会群体的潜在性影响。那么，市场主体在开采自然资源时，只要环境污染或生态破坏产生的外部直接成本低于其创造的收益，那么市场主体就有充足的理由放任之。如果市场主体短暂的、局部的收益可能导致生态环境长期的、整体的恶化，自然就应当对市场主体的运作逻辑进行适当的修正，从这个角度上说，绿色规则以生态理性弥补了理性经济人的生态伦理缺失，扩展了市场主体的人性标准。①

《民法典》在部分领域列举绿色规则的具体应用，包括旧物回收义务和标的物绿色包装义务。作为后合同义务，旧物回收义务既可以基于诚信等基本原则在合同中做出约定，也可以结合旧物的性质根据行业交易习惯确定，还可以基于法律法规的直接规定而产生。在生产经营实践中，部分设备在使用过程中可能产生不可避免的副产品（废弃造纸原料、废弃化工原料等），也可能在丧失使用价值后难以得到妥善处理（报废机电设备、报废电子产品等）。旧物处置不当，极有可能造成严重的环境污染。由旧物的出卖方或委托的第三方对旧物进行回收，有利于环境的保护；同时，部分旧物虽已丧失使用价值，但并未完全丧失其他价值，对旧物进行适当处理，还可以进一

① 吕忠梅：《〈民法典〉“绿色规则”的环境法透视》，《法学杂志》2020 年第 10 期，第 1 页。

步发挥其未尽价值。绿色包装义务是合同当事人对于标的物包装方式约定不明、同时按照一般的通用补充规则仍然无法确定时所采用的漏洞补充规则，要求包装除了充分保护标的物外，还应当有利于保护生态环境。绿色包装义务排除了合同当事人的意思自治。①实际上，早在20世纪80年代，联合国在《我们共同的未来》一文中就曾提及绿色包装，并在随后的相关宣言中有过进一步阐释。仅以我国快递为例，过于惊人的快递总量消耗的各类废弃物就已经给生态环境带来沉重的负担。对此，多个行业主管部门着力推进快递绿色包装标准化，力图实现快递包装的减量化和绿色化。②绿色规则可以引导和约束市场主体的市场交易行为，使得经济活动朝着有利于保护生态环境的方向发展。

普遍服务是《民法典》对市场交易规则的又一全新要求。在《民法典》通过之前，普遍服务的理念在2009年《邮政法》修订时曾得到阐明。《邮政法》第一条将“保障邮政普遍服务”作为基本原则，并通过大量条文予以进一步说明。在《民法典》第二分编典型合同中，要求电、水、气、热力服务提供方不得拒绝用户合理的订立合同要求，通常被视为电、水、气、热力企业的“普遍服务”义务。所谓普遍服务，系指企业按照国家规定的服务范围和服务标准，以合理的、可接受的资费标准，为所有用户提供持续的、无差别的服务。普遍服务的典型特征有三：第一是服务对象的普遍性，也就是企业提供的

---

① 刘长兴：《〈民法典〉合同编绿色条款解析》，《法学杂志》2020年第10期，第24页。

② 参见《八部门推进快递绿色包装标准化》，《绿色包装》2020年第9期，第14页。

服务应当涵盖经营区域内的所有用户；第二是服务价格的合理性，企业应当以合理的、用户可接受的价格提供普遍服务；第三是服务标准的基础性，普遍服务提供的是用户生活或生产经营所必需的基础性服务，通常不包括高端的、个性化的服务。①如果要对普遍服务的核心要义做一浓缩式的归纳，可以认为普遍服务是针对经济欠发达地区和低收入用户的一种特别服务。②在现实生活中，除了《民法典》规定的电、水、气、热力服务外，普遍服务在铁路、医疗、邮政、教育等公共服务领域亦有延伸，通常与地区均衡发展、政府责任、人文关怀、人道主义等紧密联系，一定程度上带有反市场经营的色彩。

作为市场的微观主体，企业拥有决定自身生产经营规模和范围的自主性，从狭义的角度来说，将普遍服务融入企业的交易规则，在一定程度上介入企业的经营决策和方针，也降低了企业的盈利能力。因为普遍服务的对象通常都位于经济较为落后、基础设施不完善的偏远地区或农村地区，与其他常规性服务对象相比，服务此类对象将产生更为高昂的成本，甚至可能入不敷出，无法实现企业的盈利目标，普遍服务与企业的理性经济人逻辑存在直接冲突。不过，从广义的角度上来说，普遍服务涉及的具体内容限于电、水、气、热力、邮政、电信等行业，这些行业不仅与公众的具体生活联系十分紧密，同时也涉及公民的基本权利和整个社会的发展进步。从经济学的角度来看，普遍服务有助于产生正外部性，接受普遍服务的用户越

---

① 郭宗杰：《邮政普遍服务法律问题研究》，《暨南学报》（哲学社会科学版）2012 年第 10 期，第 95 页。

② 陈立、许正中：《构建邮政寄递业社会普遍服务战略》，《行政管理改革》2019 年第 1 期，第 11 页。

多，产生的价值就越大，这在电信、邮政等行业表现得尤为明显。另外，普遍服务也可被视为一种通过定价而施行的再分配方式。此时，特定群体成为再分配的对象，普遍服务的存在使他们可以享受到基本的服务，这对我国各个地区经济发展极不均衡的现状而言颇为重要。普遍服务缓解了社会发展的不平衡，在一定程度上协调了地区间的发展。虽然普遍服务会提高企业的经营成本，但普遍服务所涉行业大多系公益性、垄断性行业，通过转移支付或行业补贴，企业有能力内部消化因普遍服务而增加的经营成本。

二、民法典完善市场交易的具体规则

《民法典》增加了典型合同的类型，主要包括保理合同、物业服务合同、保证合同等。非典型合同跻身典型合同的条件可以从重要性和必要性两方面进行考量，重要性主要包括合同所涉交易的典型性、交易频率的普遍性、交易规则的成熟性等，必要性主要包括解决所涉交易纠纷的紧迫性以及与现有典型合同类型相比的特殊性等。保理在从事传统市场交易活动的买卖双方中加入保理人作为第三方，保理人对卖方及时提供资金，承担可能存在的买方不能支付的风险，并缓解因应收账款时间滞后于具体交易所致的资金流动损失，同时不影响买方的基本权利。①保理具有使得市场结算更为快捷、资金融通更为方便等优势，在全球范围内得到了快速的发展。作为全球第二大经济体，我国各类企业都有通过转让应收账款获得保理融资的

---

① 保理的全称为保付代理或托收保付，是指债权人将基于商品销售或提供服务等所产生的现有或将有的应收账款转让给保理人，保理人提供资金融通、信用风险担保、应收账款催收或者管理等服务的综合性服务方式。

现实经营需求，从保理业务量来看，早在2018年，我国保理业务量就已达4116亿欧元，GDP占比约3.48%，占亚洲地区总量的62%，占全球保理业务量的20.3%，是全球保理业务量最大的国家。①自20世纪80年代银行开展保理业务起算，我国保理业务已经走过40多年的发展历程，从保理业务总量、GDP占比、所在行业分布、应收账款总额以及已注册商业保理企业数量来看，我国保理业已颇具规模，并处于快速发展的阶段之中。

我国保理业虽然取得巨大成就，但尚未达到全球的平均水平，与发达国家相比差距更大。统一法律规则的缺失，使得保理市场呈畸形发展态势（例如进口保理业务份额极小），一定程度上限制了保理市场的发展壮大，其中较为突出的问题表现在欺诈现象频发，已经对我国保理市场的发展产生严重影响，司法机关和仲裁机构在审理保理纠纷案件时亦不得不根据自身理解做出裁判，形成同案不同判、裁判尺度不一等混乱现象。②《民法典》对保理合同的基本规则进行规定，明晰保理合同的定义，对保理合同的基本内容、有追索权保理、无追索权保理和多重保理等进行规范，并设置针对虚构应收账款等欺诈性保理行为的专门条款，有效弥补统一规则的缺失。保理合同的全新增设填补了保理业的法制空白，使得保理业有了法治保障，有利于商业保理和银行保理等行业的良性发展。

《民法典》制定之前，《物权法》和《物业管理条例》等已

① 中国银行业协会保理委员会：《中国保理产业发展报告（2018）》，中国金融出版社有限公司2018年版，前言。

② 黄和新：《保理合同：混合合同的首个立法样本》，《清华法学》2020年第3期，第185页。

有部分条文涉及物业服务合同。不过，彼时《合同法》没有对物业服务合同作出专门规定，物业服务合同也就仍属无名合同，不具有典型合同的性质、特征和地位。①之所以会形成这样的样态，在于当时对物业服务合同的立法需求尚不迫切。改革开放前，公租房制度是我国城镇居民的主要住房制度，公租房的管理、维护和修缮等物业服务工作由政府和单位负责；改革开放初期，商品房成为公租房的补充，用以解决城镇居民的住房需求。从 1998 年国务院实施住房制度改革起，商品房才逐渐成为城镇居民主要的安居方式。《合同法》1999 年施行时，社会化物业服务并未成为主流。时移世易，目前，商品房制度已经是我国城镇居民（在广大农村地区实际也有大量商品房出售）的主要住房制度，新建设的各类住宅建筑具备一定的复杂性和专业性，其管理、维护和修缮几乎全部由物业服务公司专门负责，业主难以胜任，即便是因历史原因遗留下来并继续使用的公租房，其物业服务主体也逐步开始由政府和单位转移至物业服务公司。所以，物业服务合同已不再具有少量性和单一性，而是已经成为广泛的、普遍的合同类型。同时，与其他无名合同和典型合同相比，物业服务合同具有一定的特殊性，仅凭业主（或业主委员会）与物业服务公司的自行约定或其他行政规范性指导性文件的规定往往难以有效维护双方合法权益，实践中广泛存在的业主—物业服务公司的敌对关系，以及物业服务纠纷的大量存在已然表明：提升物业服务合同的法律地位，从法律层面将双方的权利与义务确定化，不仅是当下实践

① 杨立新：《物业服务合同：从无名合同到典型合同的蜕变》，《现代法学》2020 年第 4 期，第 69 页。

之需，亦是法治建设的应有之义。

物业服务合同成为典型合同后，《民法典》设置近 20 个条文，对其主要内容进行规范。首先，《民法典》对物业服务合同的定义和应当包含的基本内容进行说明，这有利于降低合同双方的磋商成本，将精力集中于基本服务内容的讨论，从宏观层面大致明确合同双方的权利与义务。其次，《民法典》倾向于保护作为委托人的业主的权利。与业主相比，作为受托人的物业服务企业具有更专业的资质和业务能力，理应围绕业主的中心需求服务。作为营利性组织，物业服务企业为了招徕业务，往往在广告中做出种种承诺，对于物业服务企业公开做出的但并未纳入合同文本的服务承诺，视为物业服务合同的组成部分。最后，针对物业服务实践中的部分尖锐问题做出直接回应，例如物业服务企业已按照合同约定履行义务的，业主不得以未接受相关服务为由拒绝支付物业费；对于业主拒绝支付物业费的，不论理由如何，物业服务企业不得采取停止供电、供水、供暖等方式迫使业主支付物业费，只能通过催告、诉讼或仲裁等方式维护自身权利。《民法典》对物业服务合同的规范使得业主和物业服务企业的权利义务得到明晰，对于稳定并强化现代物业管理的规范化、专业化和有序化，具有重要的推动作用。

作为典型合同，《民法典》的保证合同部分对《担保法》等法律的具体规定进行大幅修改。首先，弱化保证方式不明时的保证责任。《担保法》将保证方式不明时的保证视为连带保证，在有力保障债权实现的同时也加强保证人的责任，但保证责任是从属于主合同的责任，此规定在划分保证人和债务人之责任时稍显不公。《民法典》将保证方式约定不明时的保证责任确定为一般保证，使得保证责任的划分规则更科学。其次，对保证期间的概念和计算规则进行明晰和修改。《担保法》等已有法律偶有提及保证期间，但并未对其概念做出直接界定。《民法典》在借鉴最高法院对安徽省高院答复意见（法函〔1995〕142号）的基础上，从性质上认定保证期间属除斥期间，确定保证期间的概念。①以此为基础，《民法典》直接改变《担保法》中保证期间适用诉讼时效中断规则的规定，规定保证期间为不变期间，不适用中止、中断和延长等规则。最后，《民法典》还对保证债务诉讼时效的计算方式进行修改，将其与保证期间的关系有效衔接起来。

除了对市场交易规则的直接增补外，《民法典》秉持让市场发挥资源配置基础性作用的基本立场，对市场主体的章程、协议和习惯等自治性规则予以最大限度的尊重。一方面，《民法典》确认法人和非法人组织根据章程规定之程序作出决议的效力。企业作为市场的主体，处于生产经营的第一线，结合社会经济形势和自身实际情况，通过决议的方式调整自身的具体经营行为（如变更经营方针、调整经营范围等），若具备合理性和效率性，理应予以充分尊重。尤其是对于中小企业而言，由于经营方式灵活多变，自然应当得到更多的合理自治空间。以合伙企业为例，由于具有较强的人合性，合伙人之间的关系或合伙企业的具体运作，通常通过合伙协议等方式确定，无须公权力的过多干预。另一方面，《民法典》用了多个条文对交易习惯的效力予以确认。交易习惯一直是市场规则的重要渊源

① 杨巍：《〈民法典〉保证期间规则修改评释》，《河北法学》2020年第9期，第38页。

之一，各行各业都有植根于实践发生、发展、成熟并不断修正的交易习惯，被长期实践认可的交易习惯通常有利于市场交易的安全、有序和快捷。另外，交易习惯在合同约定不明、合同存在漏洞之处还可以直接填补其缺陷，有利于维护双方当事人的合法权益。随着经济全球化、一体化进程的加快，许多市场交易习惯尤其是跨国商事交易习惯已经具备较强的约束力，产生一定的法律效力。当然，市场主体的章程、协议和习惯等规则要得到法律的认可，除了应当具备经济性、合理性和普适性等基本性质外，还应当与法治的基本精神相契合，不能违背法律的强制性规定。

三、市场经济背景下民法典与其他法律的相互协作

党的十九届五中全会提出构建高水平社会主义市场经济体制，作为新时代的新命题，其关键在于坚持和完善社会主义基本经济制度，充分发挥市场在资源配置中的决定性作用。中共中央、国务院发布的《关于构建更加完善的要素市场化配置体制机制的意见》（2020 年 3 月 30 日）亦强调，完善要素市场化配置是坚持和完善社会主义基本经济制度、加快完善社会主义市场经济体制的重要内容。目前，我国市场化改革已经进入不进则退的关键阶段，资源配置的各项基础性问题若不能得到妥善解决，就难以对经济的持续向好发展提供有力的支持。《民法典》对社会主义市场经济体制的完善并非偶然，而是我国经济发展进入深水区后的必然逻辑。通过扩大市场主体的范围，将更为广泛和重要的各类资源纳入市场交易的范畴，《民法典》进一步完善了市场交易的基本原则和具体规则。其核心要旨，实则在于强化民法在市场要素配置上的广度和力度，通过

法制化的、市场化的方式优化资源配置。《民法典》的整个起草过程之所以万众瞩目，亦获得社会各界的大力支持，一个重要原因也在于《民法典》对于社会主义市场经济法律体系和法律制度建设的强烈追求。

民法是市场经济的基本法，但与行政法、刑法等部门法一样，在调控方法和调控内容迥异的整个法律体系中，民法仅仅是其中的一个组成部分，无法完成其他法律部门的基本任务，也无法避免各个法律部门所具备的一些共性的缺陷和局限。① 当代社会系统论法学家贡塔·托依布纳指出，社会系统由政治、军事、经济、宗教和法律等社会子系统构成，各个社会子系统处于相对独立、结构耦合和功能分化的协作和演化状态，彼此之间不仅功能有所差别，类型也大相径庭。就社会系统和子系统的运作而言，各子系统根据各自符码和规则进行相对封闭的系统操作活动，同时，各子系统与其他子系统以及所处环境进行着一定程度的开放性的交互作用。②颇为值得强调的是，在系统的封闭性与开放性两个基本特征中，封闭性处于支配地位，正是系统的封闭运作，才形成各个子系统彼此之间的独特地位和相异功能。即使系统之间或者环境与系统之间彼此保持开放，相应的影响机制亦是一种间接影响机制。某一系统或环境只可能通过转化为另一系统的元素，并按照该系统的逻辑规则加入运行后，才能对该系统产生影响。根据系统论法学的基本观点，在整个社会系统中，各子系统均保有自身的特质和机

---

① 赵万一：《中国究竟需要一部什么样的民法典——兼谈民法典中如何处理与商法的关系》，《现代法学》2015 年第 6 期，第 48 页。

② 贡塔·托依布纳、顾祝轩、高薇：《私法的社会学启蒙：对谈当代著名法学家托依布纳》，《交大法学》2013 年第 1 期，第 5 页。

制，并不存在一个位于子系统中心或整个社会系统中心的子系统，也不存在可以无缝衔接适用于所有子系统的通用元素或规则。作为市场经济的基本法，《民法典》的规制模式可能存在局限，并伴随一定的调控风险：统一的私法中心化立法模式在竭力囊括市场经济基本原则和规则的同时，可能难以避免法源不足的风险。[①]在完善市场经济体制的法制路径上，除了民法的奠基之外，行政法、刑法、经济法等部门法亦有大量可为和必为空间。作为"私"系统的"市场"和作为"公"系统的"政府"应当齐心协力，共同推进。另外，将经济关系助推为社会发展的核心，将可能在一定程度上削弱其他社会子系统（例如道德、宗教）的服务和保障能力。

法典是人类理性对于社会化探索后的实践性运用。自建立社会主义市场经济体制后，我国市场化程度逐步提高，对于市场基本规律的认识亦不断深化。对于市场经济体制建设中已经达成共识的基本原则和规则，只要社会客观环境能够提供适宜土壤，就可以抽象其精华上升至法律层面。从立法目的来看，《民法典》统合了合同法、物权法、侵权责任法等法律的价值取向；从立法技术来看，《民法典》实现了法律文本的简化和体系化，有助于促进法律统一适用；从政策导向来看，《民法典》对于市场经济建设的立法指向得到了坚定的确认。然而，人类有限理性和社会飞速变迁相结合的结局是，《民法典》的条文呈现出高度原则化和抽象化的特点。《民法典》作为市场经济体系最一般行为规则之精华的浓缩，具有高度的逻辑性、

---

① 张力：《民法典与商法通则对完善市场法制的分工：中心化与去中心化》，《当代法学》2020 年第 4 期，第 6 页。

稳定性、体系性和权威性，也不可能进行频繁的修订。为了使得《民法典》的规定具有可行性和可操作性，相应的单行法、行政法规以及司法解释等法的集群必将不断涌现，具体条文的总量甚至可能超过民法典。与之相对应的结果是，在将《民法典》运用于社会生活实践时，《民法典》自身的条文被束之高阁，真正得到具体适用的，则是根据《民法典》制定的法律、法规和司法解释等具有较强针对性的单行法规范。《民法典》反而可能退居幕后。

这就是法典编纂可能面临的解法典化现象。《民法典》与配套单行法规范的应然关系可通过"太阳—行星"的太阳系格局予以类比，《民法典》是位于中心的太阳，向四周发射自身的光芒，单行法规范围绕着太阳公转，根据太阳发射的光芒进行立法和解释。然而，《民法典》和单行法规范之间系普通法和特别法的关系，后者的适用层级优于前者。在二者的实然状态中，解法典化削弱了《民法典》与配套单行法规范的应然体系，"太阳—行星"的基本格局被动摇，随着单行法规范的大量涌现，行星的活动轨迹便不再以太阳为中心，像是不成形体的流星在任意旋转。①例如，法国民法领域除了民法典外，还有很多民法相关领域的单行法，在租赁法、区分所有权等领域广泛分布。贝尼尔教授在形容法国民法典和单行法之间的关系时认为，如果说民法典是包含民法主要领域的立法，那么法国民法典就难以算得上民法典，各个单行法的篇幅和内容已经远超民

① Olivier Morteau&Agustfn Parise, *Recodifcation in Louisiana and Latin America*, 83 Tulane Law Review 1103 (2009).

法典文本，民法典不再是共同法，而是已被单行法分裂。①我国《民法典》在未来亦可能发生类似情况，例如，对于土地承包经营权和宅基地使用权，《民法典》仅用较少的条文做了框架性和原则性的规定，具体的方案由《农村土地承包法》和《土地管理法》确定；颇受关注的土地经营权，《民法典》提出粗略的框架，具体的操作显然是留给其他单行法或行政法规等去逐渐形成；对于个人信息，《民法典》确定了保护的方向，保护的具体方式则留给正在审议的《个人信息保护法》确定。

我国的市场经济建设走过了一段与其他国家截然不同的发展道路。在完善社会主义市场经济体制的道路上，《民法典》立足实践、全面考量并着墨甚多，但制度构想能否转化为治理绩效，尚有待于未来的实践检验。在纷繁复杂多变的市场环境中，对于大量已知的挑战，以及即将到来的未知挑战，《民法典》还将面临诸多冲击和考验。在构建高水平市场经济体制的道路上，我们虽已起步，并快速前进，但前方的道路充满荆棘，我们的奋斗仍然任重道远。

---

① 石佳友：《解码法典化：基于比较法的全景式观察》，《比较法研究》2020 年第 4 期，第 18 页。

第二章　民法典与民主政治

由十三届全国人大三次会议于2020年5月28日通过的《中华人民共和国民法典》（以下简称民法典），是中国特色社会主义新时代全面依法治国取得的重要成果，开启了属于当代中国的民法典时代。民法典作为“社会生活的百科全书”，必将对政治、经济、文化等各个领域发挥关键性、基础性的作用，继而以体系化效应对整个国家的治理态势产生深远影响。在推动民法典贯彻落实的进程中，我们既要准确理解民法典中各项规范的意旨，也要全面揭示民法典在转型时期肩负的政治使命。有观点认为，民法典既是一个提供民事关系规制技术的法律文本，也是一个承载政治改造使命的法律文本。①尽管民法典主要规定的是行为规范与裁判规范，一般不会涉及太多的政

---

① 参见黄文艺：《民法典与社会治理现代化》，《法制与社会发展》2020年第5期，第21页。

治性内容，不过，它并非绝对与政治无涉。习近平总书记曾强调，每一种法治形态背后都有一套政治理论，每一种法治模式当中都有一种政治逻辑，每一条法治道路底下都有一种政治立场。[①]民法典作为国家的骨干基本法，属于上层建筑的范畴，系由权力机关所制定，难免会与政治产生密切关联。事实上，当我们审视民法法典化的文献资料时，能够发现鲜明的政治属性已经呈现于相关理论构想及编纂动向之中。鉴于此，本章拟从政治性视角切入，立足于政治发展的宏观场域去审视民法典，在阐明民法典与民主政治的相互关系的基础上，探讨民法典对于中国特色社会主义民主政治的积极作用及实现路径。

---

① 参见中共中央文献研究室编：《习近平关于全面依法治国论述摘编》，中央文献出版社 2015 年版，第 34 页。

第一节　民法典的政治性

法律的存在与运行贯通着一条政治逻辑主线：政治作为法律的存在根基、实践背景和发展动因，既反映着法律对于政治的事实依赖性，也映衬出政治对于法律的逻辑决定性。①从立法活动来看，法典编纂不仅是一种法律现象，而且还是一种政治行为。民法典作为私法领域之“典”，遵循着类似的逻辑规律。

一、民法典政治性的提出

(一)民法典是立法理性化的成果

民法典作为近代以来部门法法典化的典范，首先集中体现为一种法律技术的面向。这是立法技术在法典编纂层面的具体运用，属于立法理性化的产物。民法法典化的关键，是国家立法机关在有关理论指引下，将民事法律按一定体系进行组合排列，以编纂成具有统一性、系统性及确定性的法典。公元3—6

---

① 参见姚建宗：《法律的政治逻辑阐释》，《政治学研究》2010年第2期，第32页。

世纪罗马帝国的历次民法编纂、1804 年的《法国民法典》、1900 年的《德国民法典》、1922 年的《俄罗斯苏维埃联邦社会主义共和国民法典》、2020 年通过的《中华人民共和国民法典》等，都是法典化技术的代表性产物。尽管各国民法典编纂技术有所差异，但都遵循既定的技术理路而展开。比如《德国民法典》的立法技术可总结为：以高度概括方式将各编的“公因式”提炼出来，设立可适用于各编的一般性规则，各分编相同的规定不再重复，而是设定例外。从中国《民法典》结构上看，立法机关亦采用了类似的“总—分”编纂技术。①民法典对现有民事法律规范作出全面的编纂修订，可构建较为完备的技术规则。

民法典的理性化过程使之成为相对封闭、相对自足的体系，确保了其作为社会规范的独特价值。民法典是大陆法系国家民法理论体系化与民事立法最高成就的体现，在特定价值引领下通盘考虑了法律的形式、内容、规则及逻辑，释放出积极的体系效用。具体而言，民法典经由科学的框架结构，为民事活动提供各种基本准则，为市场交易确立规则根据，为法官裁判民事案件提供司法依据。对民事裁判活动而言，法典体系化提升了民法的理性层次，可填补法律规范的漏洞，使裁判者在司法适用中的思考脉络更为清晰。对民事主体来说，民法典有助于实现民事法律体系的融贯性，使广大公民能够准确作出理解。概言之，民法典作为规范化的法律技术成果，映射出本国民事法律制度的发展程度。

---

① 这种法律技术体现为：既设计总则编规定了法典的一般性规则，在分则各编中也是先规定适用于该编的一般性规则，再规定具体规则或者特别规则。参见刘贵祥：《〈民法典〉实施的若干理论与实践问题》，《法律适用》2020 年第 15 期，第 4 页。

（二）民法典的政治之维

近代以来多数国家民法典的编纂，大都被视为该国重大的法律现象与政治现象。有学者不禁感慨道，民法典是一个具有多侧面的复杂法律现象。[①] 笔者认为，我们既要领悟民法典的技术主义学理，同时也要切实理解其政治向度。民法典不是一种纯粹的法律技术，它同时也是政治发展的范畴。政治性属于立法政策层面的问题，涉及民法典的价值取向。法律由经济关系决定，但经济关系无法直接作用于法律，或者说，法律是直接地决定于作为经济关系抽象反映的政治关系。法律终究就是一种政治安排，蕴含了利益、意识形态、公共政策等多种因素。法律体系属于政治性结构的一部分，民法典又是一国法律体系的有机组成部分。此种政治性的凸显，要求民法典实现对于一个民族、一个国家、一个时代的法律精神和法治理念的集中表达。[②]即是说，政治性乃是以本国问题为着眼点，希冀经由民法典而实现特定的政治目的。因而，对民法典的考察离不开政治性视角。

虽然传统民法典倡导了“技术中立”的理念，但并不意味着绝缘于政治。相反，民法典无时无刻不受到政治因素的影响。[③]民法典的意涵不限于这些纯粹的“法律技术”层面，它的存在与运行始终贯穿着政治性因素。苏永钦教授认为，“如果

---

① 参见韩强：《民法典的政治与政策解读》，《浙江社会科学》2008年第12期，第33页。

② 参见许中缘：《政治性、民族性、体系性与中国民法典》，《法学家》2018年第6期，第33页。

③ 民法典的技术中立，是指民法典的概念、规则、制度等超越时空、地域、国体及政体，它强调民法典内容的普遍性、真理性与永恒性。参见谢鸿飞：《民法典与特别民法关系的建构》，《中国社会科学》2013年第2期，第100页。

宪法代表了一个国家的良心，则民法反映的应该是一个国家的智慧”①。此处的国家智慧之判断，事实上难以绕开政治层面的考量。石佳友教授认为，一切成功的法典化都是政治家和法学家两个群体同心协力的结果，其中政治家考量政治问题的决断及民主合法性，法学家共同体去处理法律问题。②从法律创制的角度去理解民法典编纂，它无非是一种由立法机关按照法定程序去创设法律的政治活动。民法典经过对立法性渊源、民间习惯等属性不同的法律渊源加以整合，实现公权力对不同法律渊源的产生过程进行调控。

此种政治性的实质，是要求民法典纳入特定政治原则、明确政治要求、注重政治效果、达成政治目标。换言之，民法典的政治性集中体现为政治功能之发挥，这正是政治合法性的体现。近代民法法典化的一大动因，是希望通过民法典对初期资本主义个人主义的政治理念进行整体性确认。民法典发挥着利益分配的功效，这种利益分配方式可巩固法律秩序，以适应政治发展带来的挑战。可以说，一个国家民法典的水准能够反映该国政治发展的程度。需要提及的是，民法典的政治性与法律性之间的关系应该得到妥善处理。尽管民法典具备相当的政治性，但所幸的是，民法典本身能够借助鲜明的私法性质、中立的概念系统、复杂的逻辑构造以及严谨的规范体系，使内在的政治性不易显现。③因而，无须过多担忧政治性因素可能对法律

① 苏永钦：《寻找新民法》，北京大学出版社2012年版，第3页。

② 参见石佳友：《民法典与社会转型》，中国人民大学出版社2018年版，第9页。

③ 参见林来梵：《民法典编纂的宪法学透析》，《法学研究》2016年第4期，第105页。

技术的挤压。

二、民法典具有特定的政治背景

法律本身根植于政治经济社会之中，政治发展影响着法律演进的进度。从古代到近现代，法律的存续都受到了特定政治环境的影响。如古巴比伦《汉穆拉比法典》、古罗马的《十二铜表法》、古印度的《摩奴法典》、中国的《大明律》，皆反映了特定历史时期某一国度的政治状态。中国古代的君主政体倾向于运用刑法、行政法去规范社会关系，对私人之间的权利义务关系不够关注，故民法典的生成无从谈起。民法典与其说是国家主导的产物，毋宁说是政治主导下的一种国家意志体现，必然涉及特定的政治背景。成熟的政治环境是民法典编纂的基础和前提，民法典的很多内容可以说都基于特定的政治背景。政治环境不仅是一国编纂民法典的根本动因，还对民法典的精神特质、基本原则和核心制度产生重要影响。①简言之，民法典往往是根据政治形势所作出的决断，体现了该国的政治发展走向。

从一些代表性国家的民法典编纂历史来看，大陆法系的法典都是在政治制度急剧变动背景下颁行的。②对于“民法典存在于特定的政治背景”的论断，有以下近代欧洲国家的事例可作为佐证。1804 年的《法国民法典》被公认为世界上第一部现代意义的民法典，其编纂活动显示了政治强人拿破仑的文治武功；1811 年的《奥地利普通私法法典》主要由当时的奥地利女

---

① 参见戴孟勇：《论政治因素对编纂民法典的影响》，《云南社会科学》2018 年第 1 期，第 111 页。

② 参见王利明：《我国民法典重大疑难问题之研究》，法律出版社 2016 年版，第 46 页。

皇玛丽亚·特莱西娅所主导；1865 年的《意大利民法典》是意大利统一之后采用立宪君主制的国王伊曼纽尔二世所推动的。①《德国民法典》是在德意志民族完成国家统一背景下制定的，成为德国政治统一的重要标志。以上几个国家并非孤例，亚洲国家亦如此。日本在 19 世纪 70 年代开始编纂民法典，主要是出于明治维新后修改条约的外在压力和富国强兵的内在动力。②《日本民法典》作为明治维新的产物，是以政治力量推动富国强兵的体现，促进了从封建主义向资本主义的转型。中国近代多个时期的民法典编纂活动亦离不开当时的政治环境。1911 年清末法制改革时期编纂而成的《大清民律草案》，就源自清政府 1900 年推行的“新政”改革。③在当代，民法典发展照样难以超越上述规律。例如，有关欧洲法律一体化的研究显示，起草一部《欧洲民法典》涉及复杂的政治性选择。④又如，2013 年匈牙利新民法典对 1957 年社会主义时期的民法典进行了大幅修订，目的就是促进该国经济与政治体制的全面转型。⑤不难发现，许多国家民法典的制度设计都与彼时的政治发展及演变有关，民法典发展与本国当时的政治环境具有高度同构性。

日本学者近江幸治教授总结道，民法典本身是特定历史时

---

① 参见薛军：《“民法—宪法”关系的演变与民法的转型——以欧洲近现代民法的发展轨迹为中心》，《中国法学》2010 年第 1 期，第 79 页。

② 参见［日］大村敦志：《民法总论》，江溯、张立艳译，北京大学出版社 2004 年版，第 14—15 页。

③ 参见王立民：《中国百年民法典编纂历程与启示》，《法学》2020 年第 10 期，第 161 页。

④ Martijn W. Hesselink. The Politics of a European Civil Code, *European Law Journal*, Vol. 10, Issue 6(2004), p. 675.

⑤ 参见石佳友：《民法典与社会转型》，中国人民大学出版社 2018 年版，第 6 页。

期的产物，贯穿民法典的基本属性或基本原则会在很大程度上受到特定时代价值观的影响。[①]进而言之，政治背景对于民法典有着近乎决定性的影响力。甚至可以说，民法典编纂很大程度上是一个政治机遇问题，往往取决于政治开明与政治抉择，且难免受到特定政治权力乃至领导人意志的影响。只有具备了成熟的政治环境，并克服法典化过程中的阻力，才能够孕育出适合本国国情的民法典。

三、民法典塑造政治发展的外在环境

民法典调整私人在市民社会中的日常生活，这样的调整对象实际上是政治发展的基础。民法典是促进政治发展的社会动力，创造了其运行的外围环境。[②]这种外围环境之塑造，集中体现为提供社会动力和缓和市民社会与政治国家的张力。

（一）民法典提供了政治发展的社会动力

民法典是调整民事主体之间人身关系与财产关系的法典，关涉民事主体从出生到死亡每个阶段的权利义务关系。民法典为公民提供了“全生命周期的权益保障”[③]，物质生活、家庭生活、精神生活、生态生活等全方位的内容被囊括在民法典之中，真可谓是“生活处处皆民法”。为推动政治发展进步，其实离不开民法典对社会生活这一调整对象的塑造作用。或者说，民法典孕育了市民社会这个政治发展的基本条件，发挥着

---

① 参见［日］近江幸治：《民法讲义Ⅰ民法总则》，渠涛等译，北京大学出版社2015年版，第11页。

② 参见徐振增、张勇辉：《论民法作为政治文明的法制与文化基础》，《河北法学》2005年第3期，第130页。

③ 程琥：《民法典时代的行政法：挑战与回应》，《中国法律评论》2020年第4期，第171页。

编织私人间关系的建构性功效。政治发展不仅需要政府的主导作用，而且依托于成熟的市民社会。市民社会属于公共生活的组成部分，无疑是政治发展的基本元素。尽管市民社会在不同历史时期所涵盖的范围略有不同，但核心意思是一致的。所谓市民社会，一般可归纳为由于市民相互交往而建立的各种组织和各种设施的综合。市民社会为私人活动提供了舞台，其特征体现为自治、自为、自我决定和自我负责。①只有根植于市民社会，政治发展才能够得到实现，故市民社会的有序将直接影响到政治发展态势。民法典产生之初就存在自由、平等、公平的特性，对于市民社会的良性发展存在积极作用。从民法典的法律功能来看，“民法由其功能所决定：它确定在一个社会共同生活的人们相互之间的法律地位”②。民法典的调整对象主要是公民之间的关系，为个人自治确定条件和限度，很大程度上产生了民主的效果。经由民法典的规范作用，政治发展将拥有较为稳固的市民社会基础。

民法典确立了现代政治发展所仰赖的基石：所有权、家庭和契约等市民社会中最为基础性的制度。市民社会的价值关切，潜移默化影响到政治发展的动向。民法典的编纂与颁行，可有效促进市民社会的缔造。而市民社会彰显的私人利益关切，是政治发展中以人为本价值取向的根源；民法典则是以私权保护精神确认和保障人身权与财产权，保障了人之为人的最基本条件。民法典的根本价值，是通过市民社会的一般私法的

---

① 参见申卫星：《民法基本范畴研究》，清华大学出版社 2015 年版，第 4 页。

② ［德］迪特尔·施瓦布：《民法导论》，郑冲译，法律出版社 2006 年版，第 3 页。

构造，确立和维护市民社会所赖以需要的属于私人活动之自由空间。此种私人活动的秩序，构成了政治发展的基础。政治发展需要以确认市民社会普通个体主体地位为基础，民法典是确认这一前提的基础性规范。民法典与广大公民的日常生活关联密切，其颁行能够发挥引领、规范、保障等功效，进而有力夯实政治发展赖以存续的社会基础。市民社会基本运行规则须按照民法典的规则来设定，通过稳定私人领域的法律关系，继而为政治发展奠定良好基础。

（二）民法典缓和市民社会与政治国家的张力

近现代市民社会观念的产生，主要源自市场经济的弘扬，强调充分关注个体利益的实现，以及最大限度地发挥个体的主观能动性。应该看到，市民社会是一种介于“国家”与“个人”之间的广泛领域，必须与政治国家相联系才能被精准理解。所谓政治国家，就是象征着一种政治主权，是为适应公共利益而生。人类历史发展进程中，逐步形成了政治国家与市民社会的二元结构之划分。政治国家是公权力的拥有者，市民社会与政治国家之间的关系属于辩证关系。市民社会与政治国家的关系，经历了从浑然一体、相互分离再到多元化发展的一个过程。二者的发展势态可谓千差万别，其中不免衍生出复杂的二元张力。市民社会是对私人生活领域的一种抽象化，是与政治国家相对应的社会结构。市民社会与政治国家之间无法分离，市民社会依存于政治国家才能发展。当前，市民社会与政治国家相对分离的互动模式属于主流形式，二者的权限分配与张力缓和是值得关注的论点。

市民社会与政治国家的张力关系，体现为公权力与私权利的博弈过程。在市民社会中，公民迫切要求对公权力进行限制以保障私人利益，这离不开运用法律方式去规制权力的滥用。市民社会的产生，很大程度上是为了限制具有天然扩张本性的国家权力。邓正来教授将市民社会与政治国家良性互动的内涵总结如下：从国家角度看，首先，国家承认市民社会的独立性，并为市民社会提供制度性的法律保障；其次，国家对市民社会进行必要的干预和调节。①并且，市民社会具有制衡国家的力量，使自身免受国家的不正当干预。因而，二者双向的适度平衡是一种较好的状态。

为适应市民社会与政治国家分化所形成的新型政治结构，民事立法可做出及时回应。民法典不仅反映了市民社会的演进规律，而且推进政治国家从市民社会中分化出来的进程。民法典是对市民社会中私人利益的一种调整，其编纂又可视为政治发展的一个标签，能够在二者关系处理上发挥作用。作为政治成果的民法典，通过鼓励私权利发展去实现对公权力的监督，理应对市民社会中的公民权利保障发挥作用。民法典的颁布，其实就意味着政治国家与市民社会形成了相对独立的二元格局，二者范围之划定成为民法典间接的规范对象。民法典对市民社会进行调整，很大意义上能够协调市民社会与政治国家之间的关系。市民社会沟通了国家和个人，为多元利益诉求表达疏通渠道，促使政治权力更为文明和理性，民法典为二者张力关系的缓和提供了协调余地。概言之，民法典是二者良性互动、有机平衡的推动装置。

---

① 参见邓正来：《市民社会理论的研究》，中国政法大学出版社 2002 年版，第 14 页。

第二节　民法典与民主政治发展

民法典奉行私法自治、权利本位等原则之后，必然要求政治国家与市民社会的有机划分。由于市民社会在参与民主、遏制政治权力等方面的积极表现，市民社会已构成现代民主的发源地与现实基础。①鉴于民法典与市民社会的密切关系，以及政治发展道路指向于民主政治的趋势，民法典在民主政治中的作用亟待揭示。民法典尽管受限于特定的政治发展状况，但也能够通过自身运行对政治发展产生积极的影响。进一步而言，民法典不仅塑造了政治发展的外在条件，而且还承担着更为重大的使命——促进民主政治发展。参酌民法典的基础性法治保障之功能，以法治方式促进民主政治进步是其政治使命的核心要义。

---

① 参见李海青：《现代民主：运作于市民社会与政治国家之间》，《哲学研究》2009 年第 9 期，第 110—112 页。

一、民主政治属于政治发展的高级形态

（一）民主政治的基本要素

从政治发展的要素和结构来看，它在横向上是由民主政治和法治两个要素组成。[①]民主政治作为政治发展的高级形态，已成为近现代国家政治发展的主题及标志。翻开人类政治思想史可知，政治无不涉及专制或民主的问题，民主是与专制相区别的一种政治形式。“民主”作为一个描述政治生活方式的概念，最早来源于古希腊文 demokratia，本义指的是“多数人的统治”“主权在民”或“人民的统治”，即人民通过享有平等表决权来实现对国家的管理。民主作为“国家形态的一种”[②]，是与人类文明进步相伴随的政治实践。民主政治起源于西方，是资产阶级在反对封建专制的民主革命进程中最先建立起来的，并在随后的发展中逐渐完善。由于受马克思主义的科学社会主义理论的影响，俄国十月革命之后社会主义国家的民主政治逐步形成。由此，世界范围内出现了两种民主政治类型：资本主义民主政治与社会主义民主政治。这两种民主政治形态建立在不同的所有制基础上，二者的理论根基、实施方法存在差异。当然，两者依然存在共同之处，比如，都是作为一种共同参政的活动，都关乎政治权力的最终归属。

民主政治的核心意涵，是认为一切权力来自人民或国家政权产生于人民的选择，民主是令政治权力获取合法性的关键。评价民主政治的主要标准，要看是否具备法治、民意、平等、

---

① 参见郭榛树：《政治文明的内涵探析》，《理论与改革》2003 年第 2 期，第 25 页。

② 《列宁选集》（第三卷），人民出版社 1995 年版，第 201 页。

自由、开放、权力制约等要素。以法治为例，现代民主理论中法治便是民主政治的要素之一，不存在没有法治的民主。①民主政治必须以民意为依归，契合法治的基本要求，且在重大决策、公职竞争、意见发表等方面都对公民保持开放的状态。在民主政治之下，公民享有言论自由、私有财产权等一系列的民主权利，并且，民主政治下的权利分配比较合理。事实上，民主问题产生的一大缘由，是根源于因经济基础和产权关系而产生的权力分配问题。就平等要素而言，是指公民作为政治权利的平等享有者，有资格进入政治统治的轨道。民主政治的实质，就是政治权利的一种平等分配，公民享有平等自由等各项权利。

民主政治是社会主义的本质特征之一。邓小平曾用非常精练的语言表述了“社会主义和民主不可分”的理念，1979 年 3 月，他指出：“没有民主就没有社会主义，就没有社会主义的现代化……社会主义愈发展，民主也愈发展。”②新中国在政治发展模式的抉择历程中，根据一般性与特殊性有机统一的原理，开辟出一条符合现实国情的道路——中国特色社会主义民主政治。其中的核心要点，应围绕党的领导、人民当家作主、民主集中制等理论维度而展开。③此种民主政治在维护中国人民整体利益、统筹协调各方利益、稳定经济社会环境等方面，体现出了明显的制度优势。

---

① 参见胡伟：《人民当家作主是社会主义民主政治的本质——习近平论社会主义民主政治发展道路》，《毛泽东邓小平理论研究》2018 年第 10 期，第 40 页。

② 《邓小平文选》（第二卷），人民出版社 1994 年版，第 168 页。

③ 参见国务院新闻办公室：《中国的民主政治建设》，新星出版社 2005 年版，第 9—10 页。

（二）民法典对政治体制改革的贡献

世界上任何一种民主制度的建立，都需要经历一个较长的时间来不断变革、发展和巩固。由于转型时期经济社会结构的变化，民主政治建设面临一系列亟待处理的新情况。良善的政治体制是民主政治建设的必要载体，但先前政治体制上难免存在一些问题，如权力关系不合理、官僚主义严重、监督机制失效等。若要民主政治发挥更大功效，离不开政治体制改革去兴利除弊。故而，同经济体制改革一样，政治体制改革是民主政治自我持续发展的症结。

政治体制改革应当以法律为依据和先导。改革的一系列原则和措施需要用法治形式予以确认，改革过程要靠法治来保障，改革成果要靠法治去巩固。法治是当代政治社会的正当性理据，要为持续发展的社会各项事业提供新方案。①民主是法治的前提条件，法治是民主的现实保障。要使民主政治建设顺利进行，关键要使民主制度化、法律化。凡属重大改革均要于法有据，改革要依法进行才能使民主政治有序推进，故民主政治建设应建立在深厚的法治建设基础上。怎样才能使民主政治法律化呢？主流观点认为，关键的手段是加强立法工作，构建完备的法律体系。针对民主政治的不完善之处，制定相应的法律法规。民法典作为与社会生活密切相关的法律，其编纂即是重要的立法行动。法治推进政治体制改革的进行，民法典是法治发展的重要形式之一，故民法典能够促进政治体制改革的展开。

民法典可以对政治体制改革发挥保障功能，此为民法典的

---

① 参见喻中：《论中国特色社会主义法治的历史使命》，《南通大学学报》（社会科学版）2019 年第 5 期，第 43 页。

“外溢”贡献。民法典是法治国家建设的基础，属于政治体制改革的实现机制。国家治理是以法治为基础建立的规范体系和权力运行机制，民法典在其中发挥着基础性的保障作用。①法治是国家治理的系统性工程，民法典作用的发挥属于国家治理基本方略的有机展开。因而，民法典应当全面回应和保障政治体制改革的进行，发挥“转型工具”的引领作用。倘若没有民法典的保障，政治体制改革将缺乏稳固的法律基础。

（三）民法典对民主政治的意义

民法典作为治国安邦的基础性法治工程，其完备程度在很大程度上反映了法治建设水平。从哲学层面而言，民法典系统回答了怎么看待个人、家庭、社会、国家以及自然等一系列的基本论题。民法典对于民主政治的重要性是不言而喻的。有学者不禁感慨道：“在一个没有民法传统、没有民法文化的国度，民主政治只能是乌托邦。”②如何将民法典与民主政治建设联系起来，尚值得思考。我们需要把握民主政治的优势和特点，凸显民法典在其中的使命担当。对此，需要探究如何经由民法典的全面实施，以不断提升民主政治建设的能力。民法典对于民主政治的促进功能，即是民法典的政治使命所在。

二、民法典促进民主政治发展的具体方式

（一）划定公权力行使的边界

民主权利具有广泛性，公民可享有政治、人身、经济、文

① 参见王利明：《民法典：国家治理体系现代化的保障》，《中外法学》2020 年第 4 期。

② 韩世远：《论中国民法的现代化》，《法学研究》1995 年第 4 期，第 26 页。

化等各项权利。民主政治的标志之一，是公权力受到有效规范。在当代，公权力对市民社会和个人生活有重大影响，权力结构的复杂化与权力种类的多样化，使得公权力接受约束极为必要。成熟完善的私权利领域之构建，划定了公权力不得侵犯的范围。只有进行权力控制，才能实现公权力与私权利的“双边控制”。公权力制约的立足点是保障公民固有的民主权利，以防范公权力的过度扩张。从根本上而言，公权力存在的基础和目的直接涉及私权利，而私权利是由民法规范的。①或许有观点会认为，民法典无法发挥制约公权力的作用。诚然，民主政治建设中主要是宪法在发挥着权力制约与权利保障的功效。宪法是调整政治生活的基本法，对民主政治建设发挥着基础性的作用。不过，民法典并非不能派上用场，它可以在宪法规定的基础上对如何限制公权力作出更为具体的规定，以发挥界定公权力与私权利的作用。

民法典通过确认和保障私权利，事实上为公权力的运行确立了边界。例如，各国民法典都强调私有财产不可侵犯和契约自由，保障当事人的意思自治，均是为了避免公权力对私权利的不当干预。②意思自治是当事人基于自身意志，按照自己的意思去设立、变更、终止民事法律关系。其为个人提供了受法律保护的自由。德国民法典的《立法理由书》就指出：“私法自治之意义，在于法律给个人提供一种法律上的权力手段，并以

---

① 参见刘凯湘：《民法典中的公权力与私权利界限及其意义》，《社会治理》2020 年第 7 期，第 24 页。

② 参见赵万一：《法性自然——民法精神散论》，法律出版社 2009 年版，第 161 页。

此实现个人的意思。”①意思自治在民主政治中的权力制约作用不容忽视。民法典对私权利的价值秩序之构建，构成了公权力运行的目的及界限，显然能够划定公权力行使的边界。

在实践中，民法典可厘定国家机关履行职权的界限。以行政机关的权力控制为例，民事领域通过确定公民权利可抑制行政权力的膨胀，行政机关侵害民事权利亦应承担法律责任，最终有利于实现政府职能的转变，助推民主政治的实现。公民有权自主决定自身事务，公权力的运用就受到限制。域外民法典编纂亦说明了这一点。在日本，负责该国 1870 年民法典编纂的江藤新平认为，国家富强的基础在于“国民的安心”，安心的基础在于“摆正国民的位置”，即确定国民与政府的关系、整顿与财产相关的规定。②由此可见，民法典能够发挥厘定国民（私权利）与政府（公权力）关系的作用。凭借民法典的颁行去强调私权利，进而可以发挥对公权力的制约作用。

（二）民事契约规则在政治领域的浸润

根据英国法学家梅因的说法，现代社会实现了从身份到契约的转型。现代社会是一种契约社会，社会生活就是由一个个契约编织而成的网络。民主政治建设的理论根据，很大程度上离不开社会契约理念。政治权力起源于“社会契约”，其权威应当经由平等的契约规则而产生，成为“政治监督”“政治责任”等民主政治制度的思想源泉。实际上，“社会契约”的平等理念源自古老的民事契约理论。正像恩格斯在《家庭、私

---

① ［德］迪特尔·梅迪库斯：《德国民法总论》，邵建东译，法律出版社 2000 年版，第 143 页。

② 参见王利民主编：《论传统民法文化与中国民法典》，法律出版社 2015 年版，第 276 页。

有制和国家的起源》中所说："只有能够自由地支配自身、行动和财产并且彼此处于平等地位的人们才能缔结契约。"①民法典蕴含着丰富的契约精神，可逐步扩展至政治领域。这就是说，社会契约理论是民法契约观念不断积累演化的必然结果。

民法典的契约理论最初表现为一种交易习惯，以发挥交换或信用媒介的作用。不少国家的民法典都规定，对基于欺诈、胁迫等签订的合同，当事人不能变更而只能请求撤销。若契约自由与鼓励交易产生矛盾，前者将获得支持。当民事契约规则扩大适用之后，其概念内涵将被大大地扩展。以人与人之间的契约关系为视角，民法典能够将公民培养成为一个既尊重自己权利又尊重他人权利，有着强烈契约意识的人。有一种观点认为，不是公法而是私法才是培养法律信仰的根据。②随着市场经济的发展，这种契约意识将自然而然进入整个社会领域，成为社会各项关系维系的重要准则。该情境下民主政治领域势必也受到浸润。倘若没有民法典这个载体，契约精神难以进入民主政治领域。

（三）树立平等自由范式

民主政治是建立在公民平等自由得到有效保障基础之上的。英国政治思想家洛克提出，平等是每个人的自然权利，不容侵犯。③人类不平等、不自由的存在不仅不符合民主政治的应然目标，而且还违反了"自然法"和"实在法"。过去不少学者

---

① 《马克思恩格斯全集》（第 21 卷），人民出版社 1965 年版，第 93 页。

② 参见［德］鲁道夫·冯·耶林：《为权利而斗争》，胡宝海译，中国法制出版社 2004 年版，第 73 页。

③ 参见［英］洛克：《政府论》（下篇），叶启芳、瞿菊农译，商务印书馆 1964 年版，第 1 页。

在论述民法典时，总与个人主义、自由主义联系在一起。①在现代民法典中，虽然公共性问题变得愈加重要，但这些价值并不会改变。民法典精神在根本上是平等自由的精神，是对人格地位的普遍尊重，是人性价值的充分实现。孟德斯鸠的精辟表述可作为注脚："在民法慈母般的眼神中，每个人就是整个国家。"②民主政治体现了平等自由的价值，而民法典对公民平等自由的主体地位进行认可，为公民理性、自主地决定自身事务提供了前提条件。民法典以其精神、原则和制度，培育了市民社会的平等自由之理念，这与民主政治的要求存在一致性。民法典秉持体系性的价值特性，围绕平等自由做出全方位的制度安排。比如，只有民事主体地位平等，财产权才能够得到切实尊重，私主体之间的交易行为方能有序进行。

在自由方面，人类对自由的追求是社会发展的内在动力，民主成为此种自由追求在政治层面的应然体现。民法典使社会处于一个有秩序的自由状态，在此种自由状态下民主政治才能得以开展。自由作为民法典的价值目标之一，是实现公民解放的重要条件。民法典关于自由的要求，即是民主政治的必然要求。这是因为，自由和民主的关系若用哲学概念表述，就是体和用的关系，自由为体，民主为用。③民主政治的本质和价值原则就是自由，自由这个一般性价值原则在政治中的体现即是民主。假设欠缺民法典对于自由价值的倡导，民主政治难免会丧

---

① James Gordlley. Myths of the French Civil Code, *The American Journal of Comparative Law*, Vol. 42, 1992, pp. 461 – 483.

② 参见［法］孟德斯鸠：《论法的精神》（下卷），许明龙译，商务印书馆 2012 年版，第 880 页。

③ 参见李少伟、王延川：《现代民法文化与中国民法法典化》，法律出版社 2016 年版，第 384 页。

失本源性的价值根基。

民法典对平等自由的法律确认，采用了具体的规范形式，多项具体制度都彰显了这一价值观。如在合同法上，合同法以平等自由为价值指向，为民主政治树立了范式。[①]合同制度使得公民能够按照个人意愿，自由地组织社会关系。合同自由与民主原则之间关系密切，二者在目标上存在高度契合性，共同指向公民对自身事务的自由选择权。在继承制度中，民法典贯彻了平等价值这一核心要求，继承平等便是民主的必然结果。综上，民法典彰显的平等自由价值可作为民主政治的法治观念基础。

（四）培育公共精神

民主政治是关涉公共福祉的制度安排，必然要求一种公共精神的引导。公共精神是公民对公共事务的积极参与，体现了公民对社会基本价值观念的认可。公共精神立基于深厚的政治价值层面，包含对民主、平等、自由等一系列最基本目标的追寻。较强的公共精神，将为民主政治建设奠定良好基础。公共精神的发展过程，可视为民主政治建设的过程。一个尊重他人权利、社会利益多元化的社会才能够彰显公共精神，此为民主政治不可或缺的根基。公共精神要求个人权利的行使不应妨害到他人权利，这意味着私权利之间的平衡和妥协，而民主政治也是平衡与妥协的产物，两者之间的内在精神具有一致性。公共精神不是凭空出世，而是潜移默化形成的。其中，公共精神的培育离不开民法典的作用。民法典要求公民以公共精神严格履行尊重他人权利的义务、遵循诚实信用原则。比如，返还遗失物、无因管理、诚实信用等民事规则，都直接或间接地鼓励

---

① 参见崔建远主编：《合同法》，法律出版社 2003 年版，第 14 页。

公民去关心公共事务，以陶冶公民的公共精神，并形成新的公共秩序。从法律政策层面来看，当代民法典的政治使命之一是奠定新的公共秩序。①经由此类事项的形塑，民法典将为民主政治提供源源不断的公共精神之基石。

各类公共精神类型中，政治参与属于典型的一种，此为公民意识的有机体现。公民意识的内在要旨，集中体现为行为主体的理性自律精神，是公民在对政治制度、社会制度、法律法规认同的基础上产生的心理活动。民主政治的发展，离不开理性公民的参与机制。在公民意识、情感、意志比较匮乏的社会，人民群众很难对民主政治建设作出积极回应。这种政治参与的实现，需要以公民的人格独立、自主自立为前提。民法典蕴含的独立自主精神，为公民参与民主政治塑造了公共意志，能够形成尊重他人权利的理性精神。此种公共精神的培育，离不开民法典的规范功能和矫正功能。民法典确定了私法自治的行为模式，降低设立、变更、终止民事法律关系方面的盲目性，助推了公民意识的养成。如果公民在意识、情感、认知等方面形成了有效的应对能力，将能够对民主政治产生推动力。

公共精神作用的发挥，需要不断增强公民的自我发展能力。民主政治建设不可忽视公民的政治主体地位，关键是自我能力的增强。公民是民主政治发展的直接作用者，其能力水平高低直接决定了民主政治发展程度。民法典使人性得到张扬与

---

① 不少国家的民法典都直接或间接地将“公序良俗”作为民法的基本原则。其中的“公序”可视作“公共秩序”的简称，而“公共秩序”无法忽略政治层面的秩序。如《法国民法典》第六条规定：“个人不得以特别约定违反有关公共秩序与善良风俗的法律。”在法国，公共秩序反映、保护国家与社会的根本利益，可类型化为政治公共秩序、经济公共秩序等。

解放，在保护人、成就人的制度设计下为公民展现了自我发展的途径。民法典的体系化效应可以有效促进公民的权利意识与独立意识。因而，公民只有具备这样的自我发展能力，才能真正参与到民主政治建设中去。

第三节　中国民法典与中国民主政治

民法典编纂的启动、过程及结果，都与民主政治建设产生了交互性影响。新中国成立以来的民法典编纂，既体现了世界各国民法典编纂的普遍性特征，也基于国情影响而存在一定的特殊性。中国特色社会主义民主政治建设的价值观，已经在民法典上留下了深厚的烙印。本次民法典编纂过程表明，民法典与社会主义民主政治之间总是存在相互依存的关系，社会主义民主政治发展是民法典存续的前提，而民法典实施是社会主义民主政治建设的法治保障。

一、中国民法典编纂与民主政治相互依存

民法典无法做到毕其功于一役，而是遵循着承前启后、继往开来的演进轨迹。中国民法典的立法过程前后可分为三个时期：一是1985年之前，属于民法的空窗期，民法典更无从谈起；二是单行立法时期，以民法通则为引领，陆续制定了其他单行法，民法之间的关系比较松散；三是2017年民法总则颁布，民法典编纂步入快速发展阶段。随着政治经济社会的发

展，中国迫切需要民法典的调整作用，由此出现了民法立法方法的不断发展。[①]与此同时，民主政治的发展与完善是一个漫长的历史过程，中国特色社会主义民主政治也不例外。社会主义民主政治的发展趋向，不可避免会塑造民法典的动态。民法典的现实成效，转而又促进了民主政治转型。

(一)过渡时期的民主政治与民法典编纂

新中国成立以来，各界对民法典的编纂呼声不断。前两次的民法典编纂（第一次为 1955—1958 年，第二次为 1962—1964 年）均形成了完整的《民法（草案）》，只是每次编纂都由于政治风波或经济政策调整而搁置。[②]民主政治对于民法典编纂具有引领性作用。正是由于政治原因的影响，民法典草案均遭到搁置。

从新中国成立到 1978 年改革开放这段时期，民主政治建设大体上经过了三个历史时期：基本完成社会主义改造的过渡时期、开始全面探索社会主义时期和“文化大革命”时期。[③]这三个历史时期，社会主义民主政治建设走上了较为曲折的道路。1954 年之前，新中国民主政治范畴已具雏形。1954 年，正式建立了中国共产党领导的多党合作和政治协商的制度。紧接着，人民代表大会这一政体制度的建立，表明民主政治的结构、功能显现了新态势，按照民主集中制原则组建的国家机构运转起

---

① 参见杨立新：《编纂我国民法典重大问题研究》，法律出版社 2018 年版，第 12 页。

② 参见王竹：《编纂民法典的合宪性思考》，中国政法大学出版社 2015 年版，第 65 页。另外，需要说明的是，这两次民法典编纂活动都没有表述为“民法典”，而是称作“民法”起草。

③ 参见陈荷夫：《论中国民主政治》，社会科学出版社 1995 年版，第 79 页。

来。1956年年底三大改造的顺利完成，标志着社会主义制度的正式确立，社会主义民主政治建设开启了新征程。为巩固民主政治成果，从1954年年底开始，全国人大常委会组织班子起草民法典，并于1956年12月形成新中国成立以来第一部民法草案，共4编525条，包括总则、所有权、债、继承等编。[①]然而，随着反右派斗争、“大跃进”等政治运动的爆发，此次民法典编纂活动终告失败。从1957年起的20年时间里，政治上出现的错误主要就是“左”倾错误，民主政治建设进入逆转时期。这种负面效应难免导致民法典编纂的徘徊不前。

为克服政治运动引起的负面影响，中央从1960年起着手调整国民经济和政治领域各项工作。这次调整工作也涉及政治关系方面，民事立法工作得以重启。根据中央指示，全国人大常委会于1962年9月开始，组织了第二次民法典编纂工作，并于1964年7月完成民法草案试拟稿。但是，由于“四清”运动的开展，以及随后的“文化大革命”，民主政治的经济基础、政治框架、文化资源都遭受严重破坏，新中国成立以来第二次民法典编纂工作再次陷入停滞状态。该时期的整个民法典起草进程，不论是立法体制、指导原则，还是实际成效，都不可避免地受到政治运动及政治领导人意志的影响。在“政治挂帅”的革命时期，民主政治的现实状况不容乐观，新中国成立以来前30年在政治发展上遭遇的挫折，是政治发展背离了民主政治的结果，产生的负面影响波及民法典编纂工作。

---

① 参见张金才：《中国法治建设40年（1978—2018）》，人民出版社2018年版，第38页。

（二）改革开放之后的民主政治与民法典编纂

1978 年 12 月，党的十一届三中全会重新确立了实事求是的思想路线，实现了社会主义民主政治建设的关键转折，民法典编纂再次循着正常轨迹而进行。社会主义初级阶段以及政治文化基础的特殊性，决定了民主政治建设的长期性。中国封建专制统治的历史比较悠久，传统政治文化的消解和现代政治文化的生长都面临着长期的转型过程。只有当政治民主化程度得以深入发展，民法典编纂才可以步入快速发展阶段。随后多部民法典草案的提出，彰显了民主政治转型的决心。

该时期党和国家领导人反复强调社会主义民主政治的重要性。邓小平说："因为在过去一个相当长的时间里，民主集中制没有真正实行，离开民主讲集中，民主太少。"①当然，该阶段民主政治发展的实际状况，与社会主义民主政治的本质和制度要求尚有距离。民主政治对于民法典编纂的推进效果，已得到逐步显现。1979 年 11 月，全国人大常委会法制委员会组建了由杨秀峰、陶希晋领衔的民法起草小组，启动新中国成立以来的第三次民法典编纂活动，并在 1982 年 5 月完成草案第四稿，包括 8 编 43 章 465 条。遗憾的是，由于立法起草过程牵涉争论，认为仓促制定民法典未必与经济形势、政治环境相适应，以及各方对编纂民法典的条件是否成熟、应当先制定单行法还是民法典存在很大争论，此次民法典编纂并未成功。此后，彭真委员长、习仲勋副委员长决定采取"零售"的方针，先制定单行法，哪个成熟了就先制定哪个。全国人大常委会法制委员

---

①《邓小平文选》（第二卷），人民出版社 1994 年版，第 144 页。

会也决定先制定一批单行法，暂不草拟民法典。[①]是故，第三次民法典编纂活动亦被搁置。随后各项民事单行法的起草，都隐约体现了民主政治的痕迹。1980 年颁布的《婚姻法》、1985 年颁布的《继承法》、1986 年颁布的《民法通则》等皆展现了这一点，且为当时的民主政治建设奠定了法律秩序。[②]不过，该时期民法典编纂或多或少还受到政治因素的影响。民法领域在改革开放初期没有进行彻底的拨乱反正，致使建立在计划经济基础上、具有政治偏见的前苏联民法继续影响着中国民法典编纂。[③]当时的民主政治建设还不够健全，民法典编纂活动进展不够顺畅。

进入新世纪以后，中国特色社会主义民主政治建设继续加快。2002 年，党的十六大明确提出，要把坚持党的领导、人民当家作主和依法治国有机统一起来。“三者统一”作为民主政治的根本原则，既是对当代中国民主政治建设的科学总结，又体现民族精神与时代精神的有机统一。[④]以“人民民主”为核心内容的民主政治是以“加强法治”为依托，用法治带动民主政

---

① 参见何勤华、殷啸虎主编：《中华人民共和国民法史》，复旦大学出版社 1999 年版，第 205—206 页。

② 第三次民法典编纂工作虽中道而止，却成效卓著。1986 年 4 月通过的《民法通则》便是在民法草案第四稿的基础上拟定的，被誉为“小民法典”，为当今民法典体系与制度的构建构筑了牢固的基础。秉承“两步走”“成熟一个制定一个”的立法思路，继《民法通则》之后，我国相继制定了《著作权法》《合同法》《农村土地承包法》《物权法》《侵权责任法》等民事单行法。

③ 参见杨立新：《编纂民法典必须肃清前苏联民法的影响》，《法制与社会发展》2016 年第 2 期，第 137 页。

④ 参见李龙：《论中国特色社会主义民主政治的根本原则》，《政治学研究》2008 年第 5 期，第 37 页。

治建设。法治体系的建立与完善，为民主权利提供了切实的法律依据。因2001年12月中国加入世界贸易组织，李鹏委员长要求在2002年完成民法典草案并提交常委会审议一次。2002年1月，全国人大常委会法制工作委员会召开会议，正式启动民法典编纂工作。①因为政治先导的激励效果，在不到一年时间内就拿出了九编制的草案。2002年12月，九届全国人大常委会第三十一次会议对民法典（草案）进行了初次审议。然而，由于某些考虑，以及2006年《物权法（草案）》牵涉的政治性争论，体制层面上推动民法典编纂的政治决断依然欠缺成熟条件，第四次民法典编纂进程再次踟蹰不前。

2010年以来，由于中国已经实行了近20年的社会主义市场经济体制，全面深化改革进程加速运行，加之安定的社会环境和稳定的周边国际形势，民法典编纂具备了良好的政治前提。党的十八大以来，党中央对中国特色社会主义民主政治作出了新的谋划，民主政治建设加快推进并逐步成熟。比如行政管理领域的简政放权、放管结合、优化服务等措施，都直接或间接反映了政治发展的新气象。同时，新时代我国社会主要矛盾的变化对国家治理战略提出了新要求。制定出一部具有当代特色的民法典，呼应了国家治理实践的需求。并且，经济社会发展激发了公民权利意识的进一步觉醒，使民法典编纂具备了深厚的民意基础。得益于2014年党的十八届四中全会关于“编纂民法典”的决定，新中国成立以来前后四次被迫中断的民法典编纂工作重新起步。第五次民法典编纂不仅属于中央的重大政治

① 参见梁慧星：《中国民事立法评说：民法典、物权法、侵权责任法》，法律出版社2010年版，第10页。

决策，而且成为国家机关的一项民主政治任务。经由自上而下的政策推动，本轮民法典编纂遵循正确的方向顺利进行。本次民法典编纂分两步走：第一个阶段是先制定民法总则，第二阶段是系统地整合物权法、合同法、侵权责任法等专门的民事法律。最终，整个民法典编纂工作在2020年5月顺利完成。本次民法典的编纂及出台，完全契合了民主政治要求。改革开放40多年以来，中国社会结构与政治体制发生了重大变化。尽管政治体制改革还没有最终完成，但政治制度早已走向民主，展现了一个更为民主的政治生态。新中国成立以来前后五次民法典的编纂，无不深刻体现了社会主义民主政治的塑造作用，而民主政治发展亦离不开民法典等提供的法治保障。

二、第五次民法典编纂过程彰显的民主政治理念

本次民法典编纂不仅是新时代民主政治建设的最新成果，而且编纂本身就体现了浓厚的民主政治印记。民法典编纂所处的社会主义民主政治背景，确立了法典化过程的政治正确、行为规范以及所应达成的目标。

(一)民主立法的理念

党的十八大以来，以习近平同志为核心的党中央坚持“以人民为中心”的执政思想，把增进人民福祉、促进人的全面发展作为一切工作的出发点和落脚点。党的十九届四中全会系统强调了以人民为中心的发展思想，深刻体现了对公民私权利进行保障的重要性。社会主义民主政治的本质与核心就是人民当家作主，公民切实享有广泛的民主权利，可通过各种途径对国家事务进行直接或间接管理。公民通过投票行使权利，在重大决策进行之前贯彻协商民主，尽可能就共同性问题取得一致意

见，构成了民主政治的制度优势。鉴于民主政治的发展，任何立法过程都不可能完全排他，民法典的编纂就是一种多方利益表达的过程，深切体现了民主立法的理念。这种民主立法具体表现为：参与编纂的群体广泛，倾听大多数人的意见；渠道广泛，编纂活动进行了多方论证。

民法典编纂过程的全民参与，属于“以人民为中心”的民主政治体现，凸显了民主立法的特性。一切权力属于人民，人民依照法律规定，通过人民代表大会制度等间接民主形式，通过代表机关管理国家，虽然有其巨大的制度优越性，但还有必要构建人民直接参与国家和社会事务的管理的制度。正如列宁所言：“需要的不仅仅是民主形式的代表机关，而且要建立由群众自己从下面来管理这个国家的制度。”①参与编纂民法典，是人民参与管理国家的标志。本次民法典编纂过程中，立法机关通过座谈、听证、评估、公布法律草案等方式，积极听取各方面的意见和建议，扩大了公民的民主参与渠道。比如，关于高利放贷的禁止问题、个人信息保护问题、小区车位归属问题等，民法典草案都广泛吸纳了公众意见，取得了“最大公约数”，保障了公民建言献策的民主参与权利。

发展社会主义民主政治要激发人民创造活力，最大限度地增强社会发展活力。②本次民法典编纂坚持以人为本，切实奉行民主立法理念。在部署民法典编纂工作初期，党中央就明确民法典的起草工作由全国人大常委会法制工作委员会牵头，同时确定最高人民法院、最高人民检察院、司法部、中国社会科学

① 《列宁全集》（第 24 卷），人民出版社 1972 年版，第 153 页。

② 参见全国干部培训教材编审指导委员会组织编写：《发展社会主义民主政治》，人民出版社、党建读物出版社 2019 年版，第 6 页。

院、中国法学会为参加单位，此为新时代民主立法的创新举措。[①]全国人大开门立法凸显了民主政治意涵，是一种民主决策的图景。根据宪法规定，全国性重大问题都必须经过全国人大的讨论并作出决定，属于重大事项的决定权。民法典编纂当然属于全国性的重大问题。全国人大作为最高国家权力机关，引导了广大人民对《民法典（草案）》的深入讨论。这里所说的讨论，包含全民征求意见与人大代表审议两种。民法典编纂的民主进程离不开全民参与，第五次民法典编纂广泛征求了广大人民的意见。例如，全国人大及其常委会以及相关部门，都在官方网站上长期设立关于民法典的专题栏目，且通过召开论证会、听证会和研讨会等形式，充分保障公民的知情权，让人民实实在在理解《民法典（草案）》的内容并提出建议。本次民法典编纂期间，全国人大常委会前后 10 次通过中国人大网公开征求社会公众意见，共有 42.5 万人参与提供意见，总数达 102 万条，公众关注程度空前。[②]公民通过参与对《民法典（草案）》进行评论，使其发挥了表达民众意愿的功能。概而言之，本次编纂过程倾听人民的呼声，调动了公民参与民法典编纂的积极性，凝聚了广大人民的智慧。

人大代表审议《民法典（草案）》，亦体现了民主立法的理念。人民代表大会制度是体现社会主义民主政治的根本政治制度，为民主政治参与提供了可靠保障。民法典编纂过程体现的民主立法，在人大审议立法时得到了切实体现。人大代表作为

---

① 参见张文显：《民法典的中国故事和中国法理》，《法制与社会发展》2020 年第 5 期，第 14 页。

② 参见王亦君、马宇平：《民法典：大写的公民权利宣言书》，《中国青年报》2020 年 5 月 23 日，第 08 版。

"人民权力的受托者和人民意志的表达者"①，依据宪法和法律参与行使国家权力。人大代表审议草案时可全面、实质性地进行审议，全国近3000名人大代表都有机会审议民法典各编草案。2020年5月25日，全国人大宪法和法律委员会对民法典草案进行审议，提出了《关于〈中华人民共和国民法典（草案）〉审议结果的报告》。根据各人大代表团的审议意见和有关方面的意见，对草案共做了100多处修改，其中实质性修改40多处。②人民群众比较关注的权利保障条款，如对现代信息科技的风险防范、家庭财产的界定等都在这部法典中得到了回应，深切体现了民主立法的理念。

（二）合宪性审查的政治效应

合宪性审查对于民主政治建设的作用不可忽视。合宪性审查的核心目标是推进宪治建设。宪治即立宪政治，主要是合理配置和限制政治权力、保障公民权利的规则和制度。宪治的基本特征是用宪法这种根本法的形式去巩固民主政体。③宪治作为民主的体现，是用宪法去确认和规范民主政治制度及其实施。宪法作为民主政治建设的依据，一经颁布就为全社会提供了行动的根本准则，使国家机关和公民个人按照这种准则进行活动，确立了民主政治发展的框架秩序。可以说，对民法典进行合宪性审查本身就是民主政治的表现。

---

① 王文惠编著：《当代中国政治法律制度》，中国社会科学出版社2018年版，第77页。

② 《第十三届全国人民代表大会宪法和法律委员会关于〈中华人民共和国民法典（草案）〉审议结果的报告》（2020年5月26日第十三届全国人民代表大会第三次会议主席团第二次会议通过）。

③ 参见许崇德主编：《宪法与民主政治》，中国检察出版社1994年版，第3页。

为贯彻落实党中央关于推进合宪性审查工作的相关规定，推动民法典编纂的顺利开展，全国人大宪法和法律委员会、全国人大常委会法工委在民法典编纂工作中高度重视民法典草案中有关合宪性、涉宪性问题的研究工作。[①]民法典编纂过程中，立法机关切实履行宪法职责，促使民法典草案的每个条文都符合宪法精神。例如，针对人格权独立成编，民法典编纂组梳理总结了关于人身自由和人格尊严保护的宪法规范与制度实践，确保人格权编符合宪法的规定与精神。宪法确立的国家基本政治经济制度、公民的政治权利，皆是民法典编纂的重要依据。民法典编纂不是纯粹的修改过程，对总则与分编的整合、修改、科学整理过程势必会触及多样的价值权衡，必须要与宪法精神相一致。民法典编纂过程中，切实适用了合宪性审查方法，对所有内容是否符合宪法加以判定。

三、民法典描绘的民主政治图景

《民法典》是一部对生命健康、财产安全、交易便利、人格尊严等各方面权益进行充分保障的法典，回应了政治体制改革之问，呼应了民主政治所需。本次民法典编纂过程不仅彰显了民主政治理念，而且在《民法典》内容上秉持一个鲜明的立场，即公权力介入私人领域时既不得越位，也不得缺位。通览《民法典》各编文本可以发现，无论是总则编还是物权编、合同编、人格权编等都涉及民主政治内容，对保障私权利、规范公权力、完善民主制度发挥着积极作用。

---

① 参见闫然：《从民法典人格权编看我国人格权保障的宪法实施》，《中国人大》2020 年第 12 期，第 52 页。

（一）总则编对私权利的宏观叙事

私权利是一切政治制度与法律制度的最终目标。《民法典》作为新中国成立70多年以来第一部以“典”命名的法律，具有基础性、典范性的特征。该法典切实体现了民法的权利法特征。邱本教授曾指出：“真正的民主政治只存在于不懈追求私权、切实拥有私权的人们和社会中，私权的确认和保护是民主政治产生和存在的根基。”①《民法典》在总则编专门规定了“民事权利”一章，对包括人身自由、人格尊严在内的一般人格权和具体人格权，以及物权、债权、继承权等私权进行了列举。总则编对于私权利的宣示，其实就是将损害私权作为公权行使的红线，故可作为推行社会主义民主政治的重要保障。

《民法典》总则编可谓实现了对私权利的宏观叙事。我们来看《民法典》的具体法律条文。总则编第二条将民法的调整对象确立为平等主体，第四条将民事主体的法律地位一律平等确立为基本原则，第十四条、第二百零六条、第二百零七条分别对自然人平等、市场主体平等、各领域平等作出明确规定。总则编第五条将自愿原则确立为民事基本原则，核心含义是民事主体“按照自己的意思设立、变更、终止民事法律关系”。《民法典》明确规定了权利限制，为公权力干涉私权设置了界限。又如，关于禁止剥夺、限制他人行动自由的规定，体现了对民事主体的平等保护理念。民法典的平等理念对民主政治提出了新要求，离不开公权力机关对此进行具体落实。再如，营

① 邱本：《认真对待私权》，《吉林大学社会科学学报》1998年第6期，第21页。

商环境的优化就需要公权力平等对待各类市场主体，为企业营商环境营造民主的氛围。权利赋予与权利保护成为《民法典》为自身确立的首要重任，这一宗旨从根本上契合了民主政治所指向的人权保障要求。

民事主体的平等法律地位，已在总则编中得到很好体现。民法典健全和充实了民事权利种类，形成更加完备开放的民事权利体系，完善和细化了权利的保护与救济规则。例如，总则编第十三条突出了人的地位，自然人的权利能力始于出生终于死亡，人从出生完成时开始取得权利能力，然后随着人的成长，可以从事与其年龄、智力相适应的法律行为。按照公民不同的年龄阶段，相关条款设计了对应的权利类型。总则编第一百一十三条规定了财产权平等保护的原则，对财产权体系做了清单式规定。总则编第一百一十四条明确规定物权是权利人依法对特定物享有直接支配和排他的权利，物权的排他特征不仅排除了其他民事主体的不当干涉，且能够制约公权力对此形成的不当干预。综上，总则编对于私权利的规定，是一种系统性的民主政治关怀。

（二）物权编的民主政治价值

《民法典》物权编对于所有权的合理规定，为加强民主政治建设提供了基础方面的保障。“所有权远不只是一种财产权的形式，它具有十分丰富的经济内涵和政治内涵。”①物权编考量了多种所有制现状，设计了国家所有权、集体所有权、私人所有权的三重结构，明确了各类资源的权利归属。物权编第二

① ［德］罗伯特·霍恩等：《德国民商法导论》，楚建译，中国大百科全书出版社1996年版，第189页。

百四十六条到第二百五十九条规定了自然资源、文物、国有资产等方面的权利归属，构建了较为完善的国家所有权制度，有利于深化公共财产秩序治理，促进国家所有权运行与管理的透明化。物权编对于国家所有权的规定，为坚持党的领导、加强民主政治建设提供了经济上的保证。

物权编对不动产的征收征用制度做了详细规定。财产的一个很重要的概念就是：公民享有的排斥公权力不当干涉的基本权利。征收权属于公权力，这类法律条款事实上就是对公权力进行规范。征收过程中各种主体间处于不对等的地位，关键在于限制公权力对私有财产的不当剥夺。[①]物权编第二百四十三条第二款规定："征收集体所有的土地，应当依法及时足额支付土地补偿费、安置补助费以及农村村民住宅、其他地上附着物和青苗等的补偿费用，并安排被征地农民的社会保障费用，保障被征地农民的生活，维护被征地农民的合法权益。"该条款之目的是保障被征收人及时获得补偿费，否则将不符合"公平、合理"的征收补偿原则。这意味着，公权力机关应当严格遵守民法典规定，给予公平合理的补偿。

物权编确立了公权力征用财产的程序与权限，明确私主体的财产权保障机制。如第二百四十五条的规定，明确了疫情防控等紧急状态下被征收人、被征用人合法财产的保障要求。第三百二十七条之规定，则明确了用益物权人受征收、征用行为影响获得相应补偿的制度。如果作为个体的公民没有独立的财产且获得保障，就容易失去个体独立的经济基础，人身的依附

---

① 参见秦前红、周航：《〈民法典〉实施中的宪法问题》，《法学》2020年第11期，第21页。

性将明显增强。而与“人身依附”相适应的政治制度，是远离民主的政治制度。

(三)合同编的民主政治功能

合同是对身份的超越，合同法弘扬了人的主体性。①《民法典》合同编在《合同法》基础上，结合理论研究与实践发展进行了系统化的整合，对于市场交易、平等交换乃至权力约束都会产生积极效果。合同编进一步深化了合同自由原则，对各级机关依法行使公权力提出了新要求。行政机关应切实尊重市场、尊重合同自由，鼓励私主体之间平等交易。合同编对于民事合同的重视，监督了行政机关的权力运行。从合同编相关条文来看，行政机关对于合同的干预必须以不损害国家利益或者社会公共利益为前提，对合同之缔约需要同时依据行政法规和民法典的规范去进行。根据合同编第五百三十四条的规定，严格限制市场监督管理部门和其他有关行政主管部门干预合同自由的条件，只有当事人利用合同从事危害国家利益、社会公共利益的活动时，才能依法监督处理。这一规定划清了行政机关干预合同自由的界限。此外，合同编从合同的订立到履行，都特别主张增进合同自由和私法自治这一目标，调动市场主体从事合同交易的积极性。经由保障合同主体的意思自治，可明确公权力行使的界限，公权力逾越界限干涉合同自由就失去了正当性。

(四)人格权编的民主政治意涵

近现代的人格权是在二战结束之后，基于对战争的深刻反

---

① 这种身份的超越，是将人们的权利、义务、地位由先天命定转变为自主创设。参见崔建远主编：《合同法》(第六版)，法律出版社2016年版，第5页。

思而逐步倡导的。民法典是否独立规定人格权编，是近年来中国民事立法中争论最激烈的问题。《民法典》最终单设人格权编，契合了党的十九大报告倡导的“保护人民人身权、财产权、人格权”的政治理念。人格权编第九百八十九条规定：“本编调整因人格权的享有和保护产生的民事关系。”这表明，人格权编主要从民法角度确立民事主体各项人格权的内容及其保护。基于人格权的对世性特质，人格权编关于具体人格权的规定不仅昭示了人格权自身的内容与意涵，而且为公权力确定了行为标准。人格权编第一千零三十九条规定，“国家机关、承担行政职能的法定机构及其工作人员对于履行职责过程中知悉的自然人的隐私和个人信息，应当予以保密，不得泄露或者向他人非法提供。”此情形下，公权力不得任意干涉公民权利。人格权编的立法，关乎人民当家作主的需求。①加强对人格权的保障，本身就是民主政治问题。

《民法典》中很多权利都具有政治权利与民事权利两重属性，比如人格尊严权不仅是民法典确定的基本民事权利，而且是公民的基本政治权利。尽管人格权编确立的人格权属于民事权利的范畴，但这方面显然会涉及政治因素。人格权编的规定，可发挥消极防御与积极利用的功效，满足公民对于美好政治生活的需求。进而言之，加强人格权保障，就不会再出现“文化大革命”中的“反动学术权威”“走资派”等严重损毁人格尊严的大帽子。人格权编第一千零一十六条关于姓名、名称登记的规定属于行政管理规范，离不开公权力的民主管理。正

① 参见杨立新：《民法人格权编的政治基础与学术立场、立法技术的统一》，《法学杂志》2018 年第 7 期，第 8 页。

所谓“人民当家作主是社会主义民主政治的本质特征”①，我们要想真正实现人民当家作主，就必须保障好名誉、荣誉、隐私、尊严等人之为人所不可或缺的自然要素。当公民人格权得到完善保护之后，人民当家作主的地位才具备前提性的主体条件。

① 习近平：《决胜全面建成小康社会 夺取新时代中国特色社会主义伟大胜利——在中国共产党第十九次全国代表大会上的报告》，人民出版社2017年版，第36页。

第四节　民法典促进民主政治的实践要点

民法典存在开放性，具体实施过程中应当建立长效机制，完成从“纸面上的法”到“行动中的法”的跳跃，实现自身重大使命的贯彻落实。民法典促进民主政治发展的实践要点，在于运用民法典夯实民主政治的物质基础，强化民法典对公权力机关履责的规范效果，凭借民法典加强民主政治的主体建设，优化民法典与政治法的衔接适用，推动民法典精神在民主政治领域的有效嵌入。通过加强民法典实施的力度，可实现其在社会主义民主政治中的使命担当。

一、运用民法典夯实民主政治的物质基础

公民对民主政治的要求已经从抽象走向具体、从理论走向实际，民主政治建设的实际效益是公民关注的重点。法治强调法律规则的普遍适用，满足了国家治理对于实效性的需要。①民

① 参见喻中：《作为国家治理体系的法治体系》，《法学论坛》2014年第2期，第9页。

法典对于民主政治的有效性，亦值得我们去审视。民法典的实效性建设，关键是经济基础。从物质基础层面来看，具有现代化水平的民主政治是现代化、市场化经济的产物。如何在市场经济条件下建设和发展社会主义民主政治，是当前值得解决的重大问题。市场经济有促进公民权利意识增强的作用，市场经济引起的多元化利益格局对民主政治提出了新要求。①经济基础决定着民主政治的本质，经济文化发展程度制约着民主政治实现的程度。民主政治建设需要以国家昌盛、人民富裕为条件，没有物质的发展，就不可能为政治建设提供必要的物质条件。

社会主义民主政治建设，很大程度上取决于社会主义市场经济的发展程度。“凡是强调经济发展的时期，制定民法典的工作就受到重视。”②经济发展与民主政治的关系非常紧密。从民主政治的经济基础看，民主政治同其他任何上层建筑一样，都根植于所处的经济关系之中。市场经济自身具有对民主、自由、平等的内在要求，市场经济成为经济发展的普遍形态后，经济领域的自由、平等将扩展至政治领域。社会主义市场经济对民主政治的推动力，集中体现为增强民主观念、促进经济生活民主化、提升公民参政的能力。民法典不仅是调整市场经济的基本法，而且能够通过对市场经济的调整来促进社会进步，以构筑民主政治制度的法律基础。③试举一例，在《民法典》物

① 市场经济因素对民主政治建设的两面性作用，可参见房宁：《民主政治十论》，中国社会科学出版社2007年版，第4页。

② ［日］加藤雅信：《从民法典的制定看法与政治的关系》，渠涛译，《环球法律评论》2001年第3期，第270页。

③ 参见申卫星：《中国民法典的品性》，《法学研究》2006年第3期，第77页。

权编补充了动产担保制度的情形下，应激发该制度在助益中小企业融资中发挥的积极作用，进而夯实市场经济发展的基础。民法典实施应当为市场经济建设提供法治保障，使市场在资源配置中发挥决定性作用，对市场主体加大产权保护力度。此处值得留意的是，公权力机关在必要时能够调整民事领域，在优化营商环境上积极作为。公权力机关应当在民法典确定的范围内介入市场领域，对改善与优化营商环境的职责加以强化。概括来说，民法典作为与市场经济密切相关的基本法律，实施过程中必将进一步厘定政府与市场的关系，进而增强民主政治的基础。

二、强化民法典对公权力机关履责的规范效果

针对党和国家机关及其工作人员的履职行为，可全面发挥民法典的规范作用。立法机关、行政机关、司法机关、监察机关等公权力机关都应当切实尊崇民法典，树立民法典优位的施政理念，依法科学履行职能。公权力机关在立法、执法、司法及决策中应妥当处理权力与权利的关系，做到履职不越位、不缺位、不错位。具体而言，在立法层面，立法机关活动需要与民法典保持一致性。民法典整合了诸多民事单行法，对很多法律发挥着统领作用。在立法层次多元情形下，众多立法以及配套的法律制度，需要保持与民法典的统一性，注重民法典的优越法律位阶。如果当前的法律规范、司法解释与民法典规定不一致，应当及时进行立改废，做好新旧法律之间的相互衔接，实现法律体系整体上的和谐统一。

在行政层面，行政机关的管理活动应时刻遵守民法典。在民法典实施过程中，行政机关具有规范的义务主体、行政管理

主体这两种角色。①民法典赋予了公权力机关不少的权力，如《民法典》合同编第四百九十四条规定，国家根据抢险救灾、疫情防控等要求下达订货任务、指令性任务的，有关民事主体不得拒绝合理的订立合同要求。行政机关在实施该条款时，应当恪守合法行政、合理行政等基本原则，不得违法行使权力。行政机关应该遵照诚实信用原则，尊重民事主体的财产权，不得非法查封、扣押财产，也不能以“新官不理旧账”等理由违约毁约。行政机关是否合法行政的一大评判标准是看其行使职权过程中有无尊重民法典规定的各项私权利。全面推进法治政府建设进程中，行政权的约束始终是重要主题，行政机关应当把保护民事权利作为实施民法典的首要任务。行政执法活动的规范，不仅需要行政法律制度的框定，同时应当发挥好民法典的作用。又如，2020 年 12 月民政部发布的《关于贯彻落实〈中华人民共和国民法典〉中有关婚姻登记规定的通知》，要求各级民政部门遵循民法典关于婚姻登记的要求，即属于依民法典行政的最新动向之一。行政机关应当严格遵循民法典的规定和要求，严格规范文明执法，不得侵犯公民享有的合法民事权利。各级行政机关都应当确保民法典的实施，自觉将民法典纳入行政决策、公共管理的重要依据和裁量基准，大力推进法治政府建设。

在司法层面，司法机关应增强民法典的适用能力。司法机关应秉持司法公正理念，加强民法典相关理论与实务知识的学习，准确理解民法典立法精神和具体规范，切实发挥民法典的

---

① 参见马怀德：《民法典时代：行政法的发展与完善》，《民主法制建设》2020 年第 7 期，第 12 页。

引领作用，统一民事法律适用标准。妥善运用民法典去化解矛盾纠纷，增强民事案件的裁判水平，切实提升司法公信力。如在刑事司法领域，司法机关应把加强民事权利贯穿于案件办理的全过程，对涉嫌刑事犯罪的企业和人员，依法慎重采取刑事措施，避免出现难以逆转的冤案错案。系统完备的民法典使法官在裁判案件时有了明确的法律依据，对于保障司法公正的意义不容低估。

三、凭借民法典加强民主政治的主体建设

社会主义民主政治建设，既取决于民主制度的健全，也取决于民主政治主体的素养。政治主体的民主素养，是判断民主政治发展程度的重要指标。不言而喻，主体的素养越高，民主政治的发展程度就越好。公民是民主政治建设的主体之一，是民主政治建设的决定因素。这种民主素养，主要可分为民主参与意识和民主建设能力。公民有无民主意识，在很大程度上决定着民主政治的方向；民主建设能力，则要求公民有认识能力和实践能力，对于民主政治发挥创造力。值得一提的是，广泛、自觉的政治参与是民主政治的本质特征。故而，有必要不断拓宽公民的政治参与渠道，发挥公民在国家事务、社会事务和经济事务中的作用。由此，应当加强民法典的实施，增强公民在民主政治中“用法”的能力。

主体是民事权利的归属。民法典通过对民事主体资格的确认，承认社会组织的能动性，使之通过合法的身份地位参与民主政治领域。例如，《民法典》总则编第九十七条确认了国家机关法人的民事主体资格，这种确认可规范国家机关以平等的主体身份广泛参与民事法律关系，有利于民主政治的贯彻落

实。行政机关广泛参与特许权（BOT）协议、政府和社会资本合作（PPP）协议、国有土地使用权出让协议，体现了高权行政向平权行政的变迁。这种行政机关与相对人签订行政协议的方式，体现了公权力的柔性使用，故能够体现出民主政治的应然要求。行政机关应当树立诚信履约践诺的施政理念，秉持行政协议上的合约性原则，切实体现出公权力机关对于契约精神的遵循。[①]并且，应当建立健全公权力的失信责任追究机制，增强对公权力失信行为的规制力度。

值得一提的是，民主政治的主体建设离不开知情权的保障，此为公民参与民主政治的基本条件。只有知情权得到保障，公民才有线索和条件参与政治。对信息数量和质量的全面掌握，是公民推进民主政治运作的基本要求。倘若知情权得不到保障，政治参与往往会陷入盲目之中。因而，民法典需要与《政府信息公开条例》形成对接，探索公民知情权的保护措施。

四、优化民法典与政治法的衔接适用

有学者将中国法律体系划分为以政治法为代表的公法、以民法为代表的私法和以经济法为代表的社会法三个部分。[②]此种分类方法具有一定的科学性。关于政治法的概念与内涵，学界并无定于一尊的界定。大体说来，政治法作为一个包含性很强的概念，是以政治行为、政治关系、政治权力等为调整对象

① 参见李凌云：《行政协议合约性审查的逻辑进路》，《南海法学》2019 年第 3 期，第 22 页。

② 参见章礼强、汪文珍：《政治基础与民法取向》，《江苏社会科学》2007 年第 4 期，第 144 页。

的法。其中较为明确的就是，政治法包括宪法、属于宪法的中央与地方关系法、立法法、组织法等。政治法不仅关注规则、制度等法律专业问题，而且能够揭示出民主、秩序的政治意涵。此种意义上，党内法规、监察法规等在很大程度上亦可以划入政治法的范畴。民法典的实施应当重点处理好与宪法、党内法规等政治法的衔接关系，使政治法更好地贯彻民法典的规定与精神。

一是处理好民法典与宪法的关系。民法典实施应当贯彻宪法精神。就宪法与民法的关系而言，宪法是民法典的制定基础，这在《民法典》第一条中体现得很明确，故有必要通过部门法将宪法的规定、原则和精神具体化，推动宪法的系统实施。有学者认为，撇开法律效力等级等法律形式主义的外表，对于社会生活来说，民法在其中发挥着宪法性功能。①民法典的实施，就是宪法价值的具体化过程，故民法典需要贯彻宪法所确认的民主政治制度。

民法典需要与宪法实现紧密结合，如此民法典将大力推进民主政治建设。宪法作为关于公民权利的法律，其中权利的逻辑构造、权利母体往往需要同民法相结合。民法典的功能定位，可视为一种“宪法实施法”。②当下及未来，应当科学优化民法典解释适用的合宪性。尤其值得关注的是要构建民法典实施中的宪法解释机制。通过引入规范的宪法解释方法，增强民

---

① 参见徐国栋：《民法典与民法哲学》，中国人民大学出版社 2007 年版，转引自林来梵：《民法典编纂的宪法学透析》，《法学研究》2016 年第 4 期，第 105 页。

② 参见张力：《民法典“现实宪法”功能的丧失与宪法实施法功能的展开》，《法制与社会发展》2019 年第 1 期，第 105 页。

法规范解释适用的可操作性，协调不同的价值分歧。通过构建实效性的宪法解释机制，去妥善应对可能的政治性难题。

二是促进民法典与党内法规衔接。在推进民主政治建设的过程中，不可忽视民法典与党内法规的有机协调。党的领导是我国各项事业取得胜利的根本保证。党内法规是“管党治党建设党的基本依据和党内治理法治化的制度载体”①，故党内法规是社会主义民主政治建设中的重要依据。即是说，民法典与党内法规这两个规范体系都是民主政治建设的规范依据。党的十八届四中全会已将法律规范体系与党内法规体系涵括于中国特色社会主义法治体系，提出了“党内法规与国家法律的衔接适用”的命题。民法典与党内法规的衔接既是社会主义法治建设的规律所在，也是民主政治建设的现实需求，二者在体系上应当实现和谐共存、相互促进的目标。高效实现二者的有机衔接，势必对民主政治建设发挥关键作用。

为推动民法典与党内法规的衔接，可尝试的路径有：一是实现党内法规与民法典在制定上的衔接。在宏观上，党需要制定出符合民法典的方针和政策；在微观上，需要构建党内法规的备案审查衔接联动机制。通过备案审查，可保证党内法规和法律的融会贯通。②并且，将合法性审查过程引入其中，避免党内法规出现合法性障碍。党内法规的出台应当加强制定环节的沟通，时刻关注与民法典内容的协调统一。党内法规主要规范

① 秦前红、苏绍龙：《党内法规与国家法律衔接和协调的基准与路径——兼论备案审查衔接联动机制》，《法律科学》2016 年第 5 期，第 21 页。

② 参见李树忠：《党内法规与国家法律关系的再阐释》，《中国法律评论》2017 年第 2 期，第 68 页。

的是党内关系和党内政治生活，与民法典涉及的私人关系并不相同。二是实现党内法规与民法典在实施中的衔接。党组织在执行和运用党内法规时，不仅应当做到规范有序，而且要切实推动民法典实施，关注与民法典的衔接适用。党组织不能以党内法规代替民法典，而是要实现党内法规执行部门与民法典执行部门之间的协调配合。党的纪律监督机关、组织工作部门等在面临民法典涉及议题时，应及时与行政机关、司法机关相互配合。三是党内法规实施时对民法典的遵守。不少违纪行为往往会侵害公民的生命、健康、财产等民事权利，这些行为经常与民事纠纷扭结在一起。党组织在运用党内法规去打击违纪行为时，应自觉遵循民事法律相关规定，善于将适用民法典同履行职责结合起来，妥善理解党纪与民法的关系，实现党内法规与民法典的融会贯通。

五、推动民法典精神在民主政治领域的有效嵌入

民法典是传承民法精神的最重要载体，建议将其贯彻实施纳入政治文化建设，通过培育民法典精神，推进民主政治发展。当前，要使民法典精神成为民主政治文化的观念坐标，持续营造政治主体守法的氛围，需做好如下几点：

第一，发挥民法典宣教作用，推动权利与秩序的平衡。有必要广泛开展形式多样的民法典普法工作，增强对领导干部、社会大众的宣传教育，使民法典精神入脑入心。民法典奠定了一种多元文化，这种文化将促使公民观点的变化以及政治理念上的开放性，继而推动政治上的民主化。私法上的自治理念，推动了民主政治的强化。自由和秩序是人类社会的一对基本范畴。民主政治的实质，就是要构建一种能够同时保障权利与自

由的秩序。自由与秩序之间可能的冲突，可借助民法典的实施去进行调适。理想的民法典实施，应当是在秩序和自由之间保持平衡。民法典实施需要引导人们理性行使权利，同时约束自身行为，倡导一种理性有序的自由，此与民主政治相契合。民主政治需要稳定的法律规范，法律意味着“和谐”的价值秩序。因而，应妥善宣传民法典，发挥其在秩序与自由方面的宣教作用。

第二，发挥民法典的矫正作用，推动政治正义的实现。现代民法典强调一种“相对的社会责任”，呼应了公平正义这一民主政治的伦理要求。在现代社会，伴随着经济发展、科技进步带来的机遇、挑战和社会负效应，如失业、贫困、垄断等，导致了弱势群体的出现。例如，当某些民事主体利用所处的有利地位对其他处于弱势的民事主体实施垄断或者不公平交易时，公权力要对此进行适度干预。[①]民法典的民主政治属性不能完全忽视这些问题，而需要作出一定的应对。民法典的大力实施，需注重民主政治建设的正义属性，加强对正义理念的阐释，克服经济生活中存在的实质不平等现象，从而推动政治正义的实现。又如，民事合同签订不仅要注意当事人之间的合意，而且应对当事人意思表示形成的外在政治环境进行关注。再如，针对意外事件而遭受重大损失的市场主体，公权力要及时予以适当的优惠救济。这些都需要公权力机关落实好民法典的内容与精神，通过一定的法律举措去达成实质正义。

---

① 参见江必新：《〈民法典〉的颁行与营商环境的优化改善》，《求索》2020年第6期，第7页。

第三，发挥民法典的引领作用，推动社会主义核心价值观的弘扬。《民法典》第一条开宗明义地阐述了“弘扬社会主义核心价值观”的立法目的。社会主义核心价值观内容丰富，融合了传统文化与新时代中国特色社会主义的价值内涵，而民主价值即是基本内容之一。社会主义核心价值观既能够规范私主体的行为，也可以约束公权力的运用。在民主政治建设中，民法典的社会主义核心价值契合立法目的。社会主义核心价值观涉及国家、社会、个人三个层面，而民法典主要调整个人行为。这种复合的核心价值观需要在方法论上切入，实现从个体主义到民主政治的过渡。详言之，运用民法精神塑造先进的民主政治文化，此为民法典颇具深远意义的政治使命。为此，应充分倡导民法典负载的政治使命，以独特的精神内涵嵌入社会主义民主政治中，将民法典精神作为政治关系调处的准则之一，引导公权力机关及其工作人员以民法典精神从事政治行为，着力培养公权力尊重私权利的意识，促使民法典精神成为政治价值观的核心构成。

总而言之，民法典作为民法的最高形式理性，不仅是一种法律技术规则，而且蕴含着深厚的民主政治含意。从古今中外的民法理论与实践可以发现，民法典具有促进民主政治发展的重大使命。基于此，不能只聚焦于民法典的法律属性而忽视了政治向度。如果仅从法律层面孤立地认知民法典，将难以全面理解其对政治发展产生的深远影响。反之，从民主政治的视角进行观察，能够更有效地发挥民法典在社会主义现代化建设中的效用，持续挖掘出其潜在的国家治理效能。本章的基本结论为：民法典与民主政治具有价值目标的同构性，民主政治为民法典编纂与实施提供了良好的外部环境；兼具政治意蕴与法律意义的民法典，又反过来极大地促进民主政治的纵深发展。不论是民法典的编纂过程，还是编纂之后的全面实施阶段，都需要坚持正确的政治导向，构建民主政治与民法典的双向互动机制。在中国真正迈入民法典时代之际，我们亟须明晰这部法典的政治属性，大力推进《民法典》各编内容的贯彻落实，使之蕴含的法律规则与政治使命有机融合，为中国特色社会主义民主政治建设提供新的法治方案。

第三章　民法典与文化治理

党的十九大报告指出："没有文化的繁荣兴盛，就没有中华民族伟大复兴。"[①]党的十九届四中全会通过的《中共中央关于坚持和完善中国特色社会主义制度 推进国家治理体系和治理能力现代化若干重大问题的决定》也明确提出："发展社会主义先进文化、广泛凝聚人民精神力量，是国家治理体系和治理能力现代化的深厚支撑。"[②]这些论断体现了文化治理的意义以及党对文化治理的高度重视。文化治理关系到加强文化领域制度建设，是"五位一体"总体布局的重要组成部分，是国家治理体系的重要组成部分。文化治理现代化则是国家治理现代化的重要支

① 习近平：《决胜全面建成小康社会 夺取新时代中国特色社会主义伟大胜利——在中国共产党第十九次全国代表大会上的讲话》，人民出版社 2017 年版，第 47 页。

② 《中国共产党第十九届中央委员会第四次全体会议文件汇编》，人民出版社 2019 年版，第 11 页。

柱。在推进文化治理的进程中，民法典具有极为重要的意义。民法典除了是一部恢宏的法典之外，也是法律文化的结晶，并属于文化治理的关键一环。它的颁布实现了几代人的夙愿，被誉为“民事权利的宣言书”，是中国特色社会主义法律体系的重要支柱，是中国法治进程中的里程碑。

那么，如何理解文化治理？如何看待民法典与文化治理之间的关系？民法典时代如何加强我国文化治理？所谓文化治理，是指以核心价值认同为基础，通过法律法规制度建设、权力调整、公共文化服务供给等方式，以文化引导人民、教育人民，以推动社会发展为目的的一种治理模式。文化治理不管是作为国家治理体系中的一部分，还是作为构建中国特色社会主义进程中的关键着力点，都有着至关重要的意义。民法典在文化治理中发挥着基础性、核心性和引导性作用。民法典时代想要加强我国文化治理，必须稳抓根基、统筹发展、取精去粕、与时俱进、加快转型与以民为本，走中国特色社会主义文化治理之路。

第一节　文化治理的提出与发展

文化治理在构建国家治理体系与推进中国特色社会主义进程中，始终占据着举足轻重的地位，是促使我国国家治理与中国特色社会主义繁荣发展的关键着力点，因此向来被党和国家所重视。从党的十八大到十九届五中全会，在党的会议与公报中，始终可以找寻到关于文化治理的行踪。本部分通过梳理文化治理的提出与推进进程，回眸文化治理的萌芽与发展脉络，并在梳理之余，从党的相关会议、文件出发，明晰文化治理以及相关概念的定义。

欲要知其趋势，必要先知其性质。想要了解文化治理的背景、进程以及发展趋势，需首先明晰与之相关的概念内涵。文化治理是指以核心价值认同为基础，通过法律法规制度建设、权力调整、公共文化服务供给等方式，以文化引导人民、教育人民，以推动社会发展为目的的一种治理模式。国家治理体系是指在中国共产党的领导下，涵盖经济、政治、文化、社会、生态文明以及党的建设等领域的法律法规、体制机制、战略布局、决定部署等一整套紧密相连、相互协调的国家制度体系。

党的十九大报告明确提出了什么是中国特色社会主义文化，并且对中国特色社会主义文化的性质作出了阐释。中国特色社会主义文化是指以马克思主义为指导，坚守中华文化立场，立足当代中国现实，结合当今时代条件的，面向现代化、面向世界、面向未来的，民族的、科学的、大众的，能够推动社会主义精神文明和物质文明协调发展的社会主义文化。

2013 年 11 月在北京召开的党的十八届三中全会上，首次提及国家治理体系与治理能力现代化以及文化治理的说法，并在文化治理领域围绕文化机制体制创新提出了“四个坚持”和四点发展要求。同时，在《中共中央关于全面深化改革若干重大问题的决定》中提出：“全面深化改革的总目标是完善和发展中国特色社会主义制度，推进国家治理体系和治理能力现代化。”①把完善和发展中国特色社会主义制度，推进国家治理体系和治理能力现代化确立为全面深化改革的总目标。这一举措是对我国经济、政治、文化、社会、生态文明以及党的建设等领域目标的精准提炼与升华。在文化治理领域，党的十八届三中全会紧紧围绕推进文化体制机制创新这一主题，通过“四个坚持”的阐释，表述了我国进行文化治理的方向与战略导向，分别为：必须坚持社会主义先进文化前进方向；坚持中国特色社会主义文化发展道路；坚持以人民为中心的工作导向；坚持把社会效益放在首位，社会效益和经济效益相统一。同时，针对文化治理中如何进行文化体制机制创新，提出了四点发展策略与要求，分别为：完善文化管理体制；建立健全现代文化市

---

① 中共中央文献研究室：《习近平关于全面深化改革论述摘编》，中央文献出版社 2014 年版，第 23 页。

场体系；构建现代公共文化服务体系；提高文化开放水平。

在2017年10月召开的党的十九大上，我党肯定了过去五年在文化治理领域取得的突破性进展，同时指出当前面临的困境与挑战，并立足这一文化发展境况，创造性地提出了文化“两步走”战略发展目标与具体举措。党的十九大在回顾总结过去的工作和历史性变革时肯定了过去五年我国文化治理层面取得的巨大成就，在党的十九大报告中表述道：“思想文化建设取得重大进展。加强党对意识形态工作的领导，党的理论创新全面推进，马克思主义在意识形态领域的指导地位更加鲜明，中国特色社会主义和中国梦深入人心，社会主义核心价值观和中华优秀传统文化广泛弘扬，群众性精神文明创建活动扎实开展。公共文化服务水平不断提高，文艺创作持续繁荣，文化事业和文化产业蓬勃发展，互联网建设管理运用不断完善，全民健身和竞技体育全面发展。主旋律更加响亮，正能量更加强劲，文化自信得到彰显，国家文化软实力和中华文化影响力大幅提升，全党全社会思想上的团结统一更加巩固。”①同时，强调了我国当前处于改革深水区，文化领域仍旧有“硬骨头”要啃。党的十九大报告指出：“必须清醒看到，我们的工作还存在许多不足，也面临不少困难和挑战。主要是：发展不平衡不充分的一些突出问题尚未解决，发展质量和效益还不高，创新能力不够强，实体经济水平有待提高，生态环境保护任重道远；民生领域还有不少短板，脱贫攻坚任务艰巨，城乡区域发展和收入分配差距依然较大，群众在就业、教育、医疗、居

① 习近平：《决胜全面建成小康社会 夺取新时代中国特色社会主义伟大胜利——在中国共产党第十九次全国代表大会上的报告》，人民出版社2017年版，第4页。

住、养老等方面面临不少难题；社会文明水平尚需提高；社会矛盾和问题交织叠加，全面依法治国任务依然繁重，国家治理体系和治理能力有待加强；意识形态领域斗争依然复杂，国家安全面临新情况；一些改革部署和重大政策措施需要进一步落实；党的建设方面还存在不少薄弱环节。这些问题，必须着力加以解决。”①

党的十九大报告提出了新时代“两步走”战略安排，即从二〇二〇年到本世纪中叶可以分两个阶段来安排。第一个阶段，从二〇二〇年到二〇三五年，在全面建成小康社会的基础上，再奋斗十五年，基本实现社会主义现代化。第二个阶段，从二〇三五年到本世纪中叶，在基本实现现代化的基础上，再奋斗十五年，把我国建成富强民主文明和谐美丽的社会主义现代化强国。②在这两个阶段中，文化治理的重要性都得到了凸显。第一个阶段的目标中，包括“社会文明程度达到新的高度，国家文化软实力显著增强，中华文化影响更加广泛深入”；第二个阶段的目标中，包括“我国物质文明、政治文明、精神文明、社会文明、生态文明将全面提升，实现国家治理体系和治理能力现代化”。可以认为，党在综合分析国内外形势和我国发展条件的基础上，依托“两步走”的整体战略，在文化治理领域也设定了“两步走”奋斗目标。

同时，在十九大报告中，我党以稳中求进的基调，明确提

① 习近平：《决胜全面建成小康社会 夺取新时代中国特色社会主义伟大胜利——在中国共产党第十九次全国代表大会上的报告》，人民出版社2017年版，第9页。

② 习近平：《决胜全面建成小康社会 夺取新时代中国特色社会主义伟大胜利——在中国共产党第十九次全国代表大会上的报告》，人民出版社2017年版，第28页。

出了当今形势下，我国如何进行文化治理，即：牢牢掌握意识形态工作领导权；培育和践行社会主义核心价值观；加强思想道德建设；繁荣发展社会主义文艺；推动文化事业和文化产业发展。十九大报告还指出："必须坚持马克思主义，牢固树立共产主义远大理想和中国特色社会主义共同理想，培育和践行社会主义核心价值观，不断增强意识形态领域主导权和话语权，推动中华优秀传统文化创造性转化、创新性发展，继承革命文化，发展社会主义先进文化，不忘本来、吸收外来、面向未来，更好构筑中国精神、中国价值、中国力量，为人民提供精神指引。"①报告还强调："当代中国共产党人和中国人民应该而且一定能够担负起新的文化使命，在实践创造中进行文化创造，在历史进步中实现文化进步！"②

2019 年 10 月召开的党的十九届四中全会上，明确了发展中国特色社会主义先进文化，进行文化治理的重要性与必要性，并提出了"一个坚定""三个坚持"和"五个要求"。会议通过的《中共中央关于坚持和完善中国特色社会主义制度 推进国家治理体系和治理能力现代化若干重大问题的决定》指出："发展社会主义先进文化、广泛凝聚人民精神力量，是国家治理体系和治理能力现代化的深厚支撑。"③这充分显示出了文化治理

---

① 习近平：《决胜全面建成小康社会 夺取新时代中国特色社会主义伟大胜利——在中国共产党第十九次全国代表大会上的报告》，人民出版社 2017 年版，第 23 页。

② 习近平：《决胜全面建成小康社会 夺取新时代中国特色社会主义伟大胜利——在中国共产党第十九次全国代表大会上的报告》，人民出版社 2017 年版，第 23 页。

③《中国共产党第十九届中央委员会第四次全体会议文件汇编》，人民出版社 2019 年版，第 11 页。

在国家治理体系中发挥着不可或缺的功用。《决定》同时还强调了文化治理领域的推进路径，即“一个坚定”“三个坚持”和“五个要求”，具体表述为：“必须坚定文化自信，牢牢把握社会主义先进文化前进方向，围绕举旗帜、聚民心、育新人、兴文化、展形象的使命任务，坚持为人民服务、为社会主义服务，坚持百花齐放、百家争鸣，坚持创造性转化、创新性发展，激发全民族文化创造活力，更好构筑中国精神、中国价值、中国力量。”①会议同时针对文化治理领域如何高效进行文化治理，提出了五点要求，即：坚持马克思主义在意识形态领域指导地位的根本制度；坚持以社会主义核心价值观引领文化建设制度；健全人民文化权益保障制度；完善坚持正确导向的舆论引导工作机制；建立健全把社会效益放在首位、社会效益和经济效益相统一的文化创作生产体制机制。②

2020 年 10 月召开的党的十九届五中全会，首先肯定了在文化领域取得的巨大成就，随后明确了下一阶段的发展目标并提出了新的要求。十九届五中全会对我国全面决战小康社会阶段以来文化事业、文化产业、公共服务等文化治理领域获得的重大成就给予了高度的评价，提出“到二〇三五年基本实现社会主义现代化远景目标，在文化治理领域，建成文化强国、教育强国、人才强国、体育强国、健康中国，国民素质和社会文明程度达到新高度，国家文化软实力显著增强”的第一阶段文化

---

①《中国共产党第十九届中央委员会第四次全体会议文件汇编》，人民出版社 2019 年版，第 42 页。

②《中国共产党第十九届中央委员会第四次全体会议文件汇编》，人民出版社 2019 年版，第 19—20 页。

治理工作目标。①全会立足于十九大以来我国社会主要矛盾已经转变的国情，在文化治理领域提出了新的要求。全会提出：“要繁荣发展文化事业和文化产业，提高国家文化软实力。坚持马克思主义在意识形态领域的指导地位，坚定文化自信，坚持以社会主义核心价值观引领文化建设，加强社会主义精神文明建设，围绕举旗帜、聚民心、育新人、兴文化、展形象的使命任务，促进满足人民文化需求和增强人民精神力量相统一，推进社会主义文化强国建设。要提高社会文明程度，提升公共文化服务水平，健全现代文化产业体系。”②这些新精神对推进文化治理意义重大。

通过梳理从党的十八届三中全会到十九届五中全会以来我党在文化治理领域的目标、规划、谋略、要求等的发展历程，可以明晰文化治理、国家治理体系、中国特色社会主义文化等概念的内涵，也能够了解文化治理的提出与推进进程，从而为更好地认识文化治理与民法典的关系以及思考民法典时代如何加强我国文化治理构筑坚实的基础。

---

①《中国共产党第十九届中央委员会第五次全体会议文件汇编》，人民出版社2020年版，第22页。

②《中国共产党第十九届中央委员会第五次全体会议文件汇编》，人民出版社2020年版，第15页。

第二节　民法典对文化治理的意义

民法典对文化治理的重要性与必要性主要体现在基础性、核心性与引导性三个层面。本部分通过对这三个层面展开具体的阐述，明晰民法典与我国文化治理之间相辅相成的内在联系，阐述如何以民法典为导向开展我国文化治理工作。

一、民法典是文化治理的基础

民法典对文化治理的基础性作用，一方面体现在以依法治国战略为依托，为文化治理提供法治基础与保障的结构维度上；另一方面体现在以保障人民私权为依托，促进个体与社会文化层面发展，从而对文化治理形成推力的价值维度上。

一方面，民法典作为全面贯彻落实依法治国方略取得的重大成就，以依法治国为依托，为文化治理打下了法治基础，强化了法治保障。在党的十八届四中全会上，习近平总书记讲道："小智治事，中智治人，大智立法。治理一个国家、一个社会，关键是要立规矩、讲规矩、守规矩。法律是治国理政最大最重要的规矩。推进国家治理体系和治理能力现代化，必须坚持依法治国，为党和国家事业发展提供根本性、全局性、长期性的制度保障。”[①]2014 年，习近平总书记在省部级主要领导干部学习贯彻十八届三中全会精神全面深化改革专题研讨班上的讲话中谈道：“‘立善法于天下，则天下治；立善法于一国，则一国治。’推进国家治理体系和治理能力现代化，当然要高度重视法治问题，采取有力措施全面推进依法治国，建设社会主义法治国家，建设法治中国。在这点上，我们不会动摇。”[②]2015 年，习近平总书记在省部级主要领导干部学习贯彻党的十八届四中全会精神全面推进依法治国专题研讨班上讲道：“不全面依法治国，国家生活和社会生活就不能有序运行，就难以实现社会和谐稳定。没有全面依法治国，我们就治不好国、理不好政，我们的战略布局就会落空。”[③]习近平总书记的讲话明确阐释了依法治国在国家治理体系中发挥的基础性作用。党的十八大以来，在以习近平同志为核心的党中央的领导下，我国逐渐构筑了“五位一体”的中国特色社会主义事业总体布局和“四个全面”的战略布局，形成了一个功能与优势相辅相成、优势互补的有机结构，依法治国构成了这一有机结构的法治基石。高度重视法治建设，以法立规矩，在国家治理体系中讲规矩、守规矩，才能通过“大智立法”促进“大智治国”，谋求战略布局的顺利实施开展。

在全面推进依法治国历程中编纂与出台的民法典，是完善

① 中共中央文献研究室：《习近平关于全面依法治国论述摘编》，中央文献出版社 2015 年版，第 12 页。

② 中共中央文献研究室：《习近平关于全面依法治国论述摘编》，中央文献出版社 2015 年版，第 13 页。

③ 人民日报社评论部编著：《“四个全面”学习读本》，人民出版社 2015 年版，第 178 页。

以宪法为核心的中国特色社会主义法律体系，建设中国特色社会主义法治体系的重要构成部分。文化治理作为我国治理体系中的重要一环，遵从类似的逻辑，民法典在我国文化治理工作中发挥着基础性作用。民法典的颁布与实施，也会对我国文化治理领域产生强大的推动力，成为提升我国文化治理能力与水平的重要法治基础与保障。

另一方面，这种基础性还体现在以保障人民私权为依托，促进个体与社会文化层面发展，从而对文化治理形成推力的价值维度上。“规范公权力，保障私权利”是现代法治的核心原则，公民享有的私权，包括与文化层面相关的私权，很多情境下由民法典来保障。可以说每个公民从出生、成长直至死亡，都经历了民法之旅，受到民法典的保障。在民法典的引导、教育、强制等社会功能作用下，公民在文化层面逐渐“社会化”，逐渐提高个体知识素养、形成个体法律道德规范、建立人生观价值观等；社会逐渐根据每个公民的文化独特性，形成文化道德风尚、社会风气，构建起独特的饮食文化、节日文化、民俗文化、精神文化等。这些，也正是文化治理领域不容忽视的重要一环。这充分阐明，民法典与公民的文化生活息息相关，民法典与文化治理工作具有紧密相连的关系。

人作为社会人，文化“社会化”是每个公民“社会化”过程中不可或缺的一部分。民法典是一部保护私权利的法律汇总，通过以保护私权为依托，让公民镶嵌在私权中的文化权利受到保障，逐渐帮助公民以及社会在文化层面以及在文化引导下的其他层面逐渐发展与进步，进而助力我国文化治理工作，可以为文化治理以及国家治理体系的发展打下良好的社会文化基础。

二、民法典展示了民族文化的核心要素

首先，民法典体现出的法治思想与德治一起构成了依法治国思想的主体要素，成为中华民族文化的核心要素之一，也成为我国文化治理工作的核心手段之一。民法典开篇即提到编纂民法典的目的是“为了保护民事主体的合法权益，调整民事关系，维护社会和经济秩序，适应中国特色社会主义发展要求，弘扬社会主义核心价值观”。

党的十九届四中全会提出：“建设中国特色社会主义法治体系、建设社会主义法治国家是坚持和发展中国特色社会主义的内在要求。”“坚持依法治国和以德治国相结合，完善弘扬社会主义核心价值观的法律政策体系，把社会主义核心价值观要求融入法治建设和社会治理。”①由此可见两者之间存在的核心性逻辑关系。

从民法典、依法治国、社会主义核心价值观、法治与德治相结合，再到文化治理与发展中国特色社会主义，六者遥相呼应。民法典是汲取依法治国历史经验的结晶，不管是在总则还是分则的设置、排列、逻辑等内容中，都显露出了更富智慧与契合时代发展的法治思想。在社会主义核心价值观引导下制定的民法典，不仅蕴含法治思想，更兼具德治思维，符合法治与德治相结合的原则，顺应了时代发展要求，适应了文化治理与发展中国特色社会主义的需求。民法典作为我国法治进程中的里程碑，其中蕴含的法治与德治思想，构成了中华民族文化的

① 《中国共产党第十九届中央委员会第四次全体会议文件汇编》，人民出版社2019年版，第44页。

核心要素之一，同样成为我国文化治理工作的核心手段之一。

其次，民法典展现出了我国保障人权、以人为本、科学民主的立法思想。人格权单独成编，是民法典的一大亮点，在凸显保障人权、以人为本的立法宗旨上，体现了形式与内容上的双重价值。在形式上，人格权单独成编强调了民法典以人为本的根本立足点，重申了中国共产党在推进依法治国进程中将人民放在首位，时刻牢记以人为本的指导思想。在内容上，人格权编使人权保护体系涵盖范围更加细、全、广，能够更好更切实地加强对民事主体愈加细致、全面、具体、人性化的民事权益的保护，更好地贯彻与落实十九大报告中提出的“保护人民人身权、财产权、人格权”的要求。民法典草案编纂过程中，立法机关开门立法，依托举办座谈会、深入一线调研、委托国家统计局社情民意调查中心开展专项调查、公开征求社会公众意见等多种途径广泛听取社会各界人士的意见与建议。全国人大常委会为了努力推进编纂民法典工作，先后十次审议民法典相关草案。在审议过程中，均通过中国人大网公开征求社会各界公众意见，并就草案中的热点、难点、争议点反复征求民众意见，反复研讨与商榷，共计 42.5 万人参与，累计收到 102 万余条意见与建议。在民法典编纂过程中，立法机关深入贯彻与落实走群众路线、开门立法原则，察民情、听民意、汇民智、看民心。这些举措，不仅展现出了我国保障人权、以人为本的立法思想，更展露出了我国依法立法、民主立法、科学立法的立法理念，在开诚布公中表现以人为本之心，在团结协作中收群策群力之效。

最后，民法典呈现了百折不挠、勇往直前的优秀民族精神。通过回眸我国民法典的编纂历程，可以发现在编纂过程中虽披荆斩棘、历经重重磨难，但社会各界人士仍秉承一颗百折不挠、勇往直前的赤诚之心，克服重重阻碍，凝聚成一部丰硕成果。除此之外，还展现出了与时俱进、团结一致、开放包容、实事求是、创新、理论与实践相结合等立法思想与民族精神。这种精神，不仅仅是凝聚在民法典编纂历程中的核心精神，更是中国优秀传统文化与现代文明不可或缺的核心精神。

总而言之，民法典编纂过程中凸显的诸多立法思想与优秀民族精神，有利于发扬民族文化，充分发挥文化的引导性、教育性、潜移默化性等特性。民法典中积淀的依法治国、以人为本、科学民主立法等诸多优秀思想，将逐渐积淀成中华民族文化中的核心要素，形成文化治理领域的有效推力。

三、民法典对文化具有引导作用

民法典对文化的引导作用，体现在民法典对社会主义核心价值观与社会文化主流意识形态的强制性引导、非强制性引导等多个层面。

民法典强制性制约引导功能的发挥主要依托法律特有的强制性特征来实现。法与其他社会规范相区别的最大标志为法的强制性特征。正因如此，法的强制性成为调节文化治理领域强有力的抓手。譬如《民法典》第二十六条明确规定：“父母对未成年子女负有抚养、教育和保护的义务。成年子女对父母负有赡养、扶助和保护的义务。”民法典通过法律条文明文规定的形式引导公民应当在特定法律范畴之内履行抚养、赡养等义务，公民如在法律规定的范畴之内没有正当理由而拒绝履行该义务，将受到法律的强制性制裁。民法典以国家权力、权威与公信力作为坚实的后盾，在文化治理层面，通过指引、评价、教育、预测和强制五种实现形式，采用强制性手段调节民事行为，引导个体认知与行为，促使公民建立起知法懂法守法、以法律己的意识，构建起正确的价值观体系，进而规范社会文化主流意识形态，宣扬社会主义核心价值观。这种制约引导功能的发挥呼应了党的十九届四中全会中强调的“完善弘扬社会主义核心价值观的法律政策体系，把社会主义核心价值观要求融入法治建设和社会治理”的文化治理要求。①从这个意义来看，民法典在文化治理领域通过强制性手段推进公民与社会建立起正确的社会主义核心价值观、社会文化主流意识形态，在将社会主义核心价值观要求融入法治建设和社会治理两个维度上均具有重要作用。

民法典的非强制性引导作用主要体现在其本身作为一种文化现象与文化成果，属于文化范畴，具有润物细无声的功能和面对诸多文化挑战的引导作用。文化具有潜移默化、润物细无声的独特功用，民法典作为其中的一部分，所蕴含的法治思想、道德规范、优秀民族文化以及社会主义核心价值观、民主、创新等内容潜移默化地影响着公众的价值观构建、道德观念形成、认知调节以及行动选择等。

以习近平同志为核心的党中央在十八届四中全会提出“坚持依法治国和以德治国相结合”的重要论断。②习近平总书记指出，中国特色社会主义法治道路的一个鲜明特点，“就是坚持依法治国和以德治国相结合，强调法治和德治两手抓、两手都

---

①《中国共产党第十九届中央委员会第四次全体会议文件汇编》，人民出版社 2019 年版，第 44 页。

② 习近平：《习近平谈治国理政》（第二卷），外文出版社 2017 年版，第 158 页。

要硬"①。民法典中包含的忠义礼信、尊老爱幼、人人平等等思想观念以及在民法典编纂过程中体现出的锲而不舍、团结一致、实事求是等精神，正是法治与德治相结合的最好凸显，不仅契合了党提出的法治与德治相结合的策略方针，而且能够引导公众学习与弘扬优良传统道德。民法典具有的这种引导性功能通过文化的延续性绵延不绝，能够对社会文化的发展产生深远影响，对我国文化治理也将发挥深刻作用。

民法典兼具的强制性与非强制性引导作用展现在对诸多文化挑战的调整维度上。党的十九届五中全会提出我国文化事业和文化产业繁荣发展，高度评价了决胜全面建成小康社会时期文化领域取得的决定性成就。同时，全会通过深入分析当今我国发展面临的复杂的国内国际形势，认为当前和今后一个时期，我国发展仍然处于重要战略机遇期，同时面临着新的矛盾与挑战。改革开放以来，对外开放政策的实施与扩大，全球化时代的到来，智能手机、电脑等电子设备和各类媒体的兴起与发展，让多种思想理念、价值观交流、碰撞、激荡，在文化领域形成了多元文化类型。公众在多元文化大背景下，逐渐在文化认同、价值观念、文化需求、满足方式等不同层面趋于个性化与独特化。也正是在这种文化大背景下，文化治理领域依托民法典通过强制性与非强制性的双重举措，引导公众在日新月异、多元文化碰撞激荡的洪流中坚持正确的方向与选择就显得尤为必要。

互联网领域作为我国文化治理范畴中的典型构成部分，有

---

① 习近平：《习近平谈治国理政》（第二卷），外文出版社 2017 年版，第 133 页。

助于充分论证民法典在文化治理中兼具的强制性与非强制性引导功能。伴随着信息技术的发展，尤其是受全球新冠肺炎疫情的影响，网络平台已经成为公众沟通交流与文化传播的主流手段。党的十九大提出：“坚持正确舆论导向，高度重视传播手段建设和创新，提高新闻舆论传播力、引导力、影响力、公信力。加强互联网内容建设，建立网络综合治理体系，营造清朗的网络空间。”①党的十九届四中全会强调：“构建网上网下一体、内宣外宣联动的主流舆论格局，建立以内容建设为根本、先进技术为支撑、创新管理为保障的全媒体传播体系。建立健全网络综合治理体系，加强和创新互联网内容建设，落实互联网企业信息管理主体责任，全面提高网络治理能力，营造清朗的网络空间。”②这些决策部署对我国互联网整治工作提出了更高的要求与目标。复杂的国内外文化形势、多元的文化类型、个别化的文化与价值观认同、日新月异的文化发展境况、利弊兼具的互联网功能，让我国在文化治理领域面临重重困境与挑战。

如何有力打击互联网违法犯罪行为，引导健康、绿色上网？ 民法典给出了解决路径。民法典通过采用强制性引导功能，对违法收集个人信息、网上虚拟身份、网络虚拟财产、打赏、电子合同、肖像权、声音权、未成年人网络权益等与互联网相关的内容明确做出了回应。同时，民法典通过明确阐释网

---

① 习近平：《决胜全面建成小康社会 夺取新时代中国特色社会主义伟大胜利——在中国共产党第十九次全国代表大会上的报告》，人民出版社2017年版，第41页。

② 《中国共产党第十九届中央委员会第四次全体会议文件汇编》，人民出版社2019年版，第44页。

络侵权责任的主体、补救措施、处理原则与方式为应对这一难题提供了完备的法律武器。另外，民法典通过采用非强制性的引导功能，将蕴含在其中的社会主义核心价值观、守法、遵从道德规范、忠义礼信等精神传递给公众，帮助公众在充斥着多元文化与价值追求的网络中坚持正确的社会主义价值观念与意识形态，从而要求个体健康、绿色上网。民法典对网络的治理作为文化治理的重要范畴，为解决互联网治理困境提供了一条强制性与非强制性相结合、法德兼备的路径，也为文化治理领域提供了一个可供参考的回应方案。

民法典对于文化治理的引导作用可以从强制性与非强制性的引导手段、正面与反面推进的引导方式、潜在与直接的引导进路几个层面理解。正是在这几个层次中，凸显出了民法典对文化治理领域发挥的重要引导性功能。

第三节　民法典促进文化治理的路径

通过民法典的实施促进文化治理，最可行、最关键的路径，就是通过民法典的实施弘扬社会主义核心价值观，使社会主义核心价值观转化为人们的情感认同和行为习惯。

文化是一个民族的精神支柱，价值观是文化的核心部分。党的十八大倡导弘扬富强、民主、文明、和谐，自由、平等、公正、法治，爱国、敬业、诚信、友善的社会主义核心价值观。在社会主义核心价值观中，富强、民主、文明、和谐是我国社会主义现代化国家的建设目标，可以理解为国家层面的价值目标；自由、平等、公正、法治是对美好社会的生动表述，可以理解为社会层面的价值取向；爱国、敬业、诚信、友善是公民基本道德规范，其覆盖了社会道德生活的各个领域，是公民需要恪守的基本道德准则，也是评价公民行为的基本价值标准，可以理解为公民个人层面的价值准则。社会主义核心价值观作为社会主义价值体系的核心内容，高度凝练并精准地表达出了社会主义价值体系的内涵、根本性质以及基本特征，是我们党在总结历史经验、着眼当代中国国情基础上构建的反映中国特色社会主义建设总目标、总任务以及共同理想，同时涵盖当代社会基本道德规范与价值理念的一整套体系，是我们党在治国、治党过程中长期坚持和践行的理念。

党的十九大报告就培育和践行社会主义核心价值观明确提出："社会主义核心价值观是当代中国精神的集中体现，凝结着全体人民共同的价值追求。要以培养担当民族复兴大任的时代新人为着眼点，强化教育引导、实践养成、制度保障，发挥社会主义核心价值观对国民教育、精神文明创建、精神文化产品创作生产传播的引领作用，把社会主义核心价值观融入社会发展各方面，转化为人们的情感认同和行为习惯。"既然民法典属于"弘扬社会主义核心价值观的法律政策体系"的重要组成部分，通过民法典的实施促进文化治理，必然要重点着眼于弘扬社会主义核心价值观。

通过民法典的实施促进文化治理，之所以要把弘扬社会主义核心价值观作为关键着力点，原因有两点：其一，从民法典的立法目的来看，通过民法典的实施弘扬社会主义核心价值观具有现实必要性。《民法典》第一条规定："为了保护民事主体的合法权益，调整民事关系，维护社会和经济秩序，适应中国特色社会主义发展要求，弘扬社会主义核心价值观，根据宪法，制定本法。"可见，弘扬社会主义核心价值观本身就是民法典的立法目的之一。其二，从民法典与社会主义核心价值观的关联来看，通过民法典的实施弘扬社会主义核心价值观具有实际可行性。社会主义核心价值观中的民主、文明、和谐、自由、平等、公正、爱国、敬业、诚信、友善等价值观，本身就已经渗透到了民法典的具体条文和制度之中。在民法典关于民法的基本原则、民事权利、民事法律行为、民事责任、所有权、相邻关系、合同的履行、违约责任、无因管理、不当得利、人格权、婚姻家庭、继承、侵权责任的诸多条文中，都可以找寻出社会主义核心价值观的影子。甚至可以说，不少法律条文本身就是社会主义核心价值观的生动体现。

民法典具体条文对社会主义核心价值观的体现，在国家层面的价值目标中，可举民主、文明、和谐为例。先来看民主。从字面上看，民主代表着由人民统治，即“人民做主”。但这只是从政治的角度来理解民主。按照罗隆基的说法，民主并不只是政治的民主与经济的民主，它是人类的一种生活方式。①这实际上是对民主的一种广义的理解。按照这种广义的民主观念，在社会生活中的很多领域都有民主的存在场域。在民法典中，不少法律条文设计都体现出了对民主的价值追求。例如，《民法典》第二百六十一条关于农村集体经济组织共同决定之事项的规定、第二百七十八条关于业主共同决定之事项及表决规则的规定、第三百零一条关于共有财产之处分的规定等，即为典型。如果民众能够从这些社会生活中的细节处培育起民主观念、民主意识，那么对于国家治理和社会经济的发展将极为有利。再来看文明。罗斯科·庞德曾说道：“文明是人类力量不断地更加完善的发展，是人类对外在的或物质自然界和对人类目前能加以控制的内在的或人类本性的最大限度的控制。”②在庞德看来，社会文明一方面体现在人们能够很好地控制自身内在的本性（否则，人们将难以征服外在的自然界），另一方

① 参见罗隆基：《人权 法治 民主》，法律出版社 2013 年版，第 231 页。

② ［美］罗斯科·庞德：《通过法律的社会控制》，商务印书馆 1984 年版，第 8 页。

面还体现在人们预期自己的权益能够免受他人的侵害。我国民法典所维护的，正是这样一种文明的秩序。一方面，民法典要求每一位具有理性意志的民事主体都具有理性精神，按照民法的基本原则和行为规则从事民事活动，在行使自身的民事权利的同时，不损害国家、社会和他人的权益；另一方面，民法典设计了完善的法律规则体系，以保障、救济每一位民事主体的合法权益。正因如此，民法典在很大程度上彰显了“文明”这一价值观。解释和适用民法典，也应尽可能立足于维护社会的“文明”这一立场。最后来看和谐。民法典中体现和谐这一价值观的法律条文不胜枚举。例如，《民法典》第二百八十八条针对处理相邻关系的原则明确规定：“不动产的相邻权利人应当按照有利生产、方便生活、团结互助、公平合理的原则，正确处理相邻关系。”第一千一百三十二条针对法定继承中的协商问题明确规定：“继承人应当本着互谅互让、和睦团结的精神，协商处理继承问题。遗产分割的时间、办法和份额，由继承人协商确定；协商不成的，可以由人民调解委员会调解或者向人民法院提起诉讼。”这些规定均反映出了民法典对社会关系、家庭关系的和谐有序的憧憬、追求。

在社会层面的价值目标中，自由、平等、公正这些社会主义核心价值观在民法典中均有充分体现。民法典遵循意思自治原则（体现于《民法典》第五条），并以法律行为的自由来保障意思自治的实现。法律行为自由，在民法典中具体又表现为契约自由、所有权自由、婚姻自由、收养自由、遗嘱自由。因而，自由价值在民法典中的充分体现，无须赘言。这里仅对平等和公正两种价值观在民法典中的体现稍加阐释。以平等为例。《民法典》第四条和第十四条分别规定了“民事主体在民事活动中的法律地位一律平等”和“自然人的民事权利能力一律平等”。第一千零四十一条第二款规定：“实行婚姻自由、一夫一妻、男女平等的婚姻制度。”第一千零五十五条规定：“夫妻在婚姻家庭中地位平等。”第一千一百二十六条规定：“继承权男女平等。”这些条文无一不彰显了民法典对平等价值的追求。再以公正为例。民法典中体现公平公正的法律条文，可以说不计其数。第一百五十一条关于显失公平的民事法律行为的规定，第四百九十六条和第四百九十七条关于格式条款的规定，第五百三十三条关于情势变更的规定，第一千一百七十三条关于过失相抵规则的规定等均适其例。这些条文均反映出民法典对公平公正这一价值的追求。正因如此，司法机关可以通过在民事司法活动中科学、合理地解释适用相关法律条文，使自由、平等、公正这些社会主义核心价值观得到充分贯彻和体现。

在公民个人层面的价值准则中，爱国、敬业、诚信、友善这些公民基本道德规范在民法典中均有体现。诚实信用原则（体现于《民法典》第七条）作为民法的帝王条款，在民法典中有深入体现自不待言。民法典在意思表示的解释（第一百四十二条）、合同的解释（第四百六十六条）、缔约过失责任（第五百条）、合同的履行（第五百零九条）等规定中均明确提及“诚信原则”。除此之外，民法典中不少的原则、制度，如禁止权利滥用、情势变更原则、后合同义务等，均属于诚信原则的具体化。问题在于：爱国、敬业、友善这些价值准则在民法典中是否同样有体现呢？ 答案是肯定的。爱国、敬业、友善这些“关键词”虽然没有出现在民法典的条文中，但它们仍然属于民法典承载的价值准则。以爱国为例。《民法典》第一百八十五条规定："侵害英雄烈士等的姓名、肖像、名誉、荣誉，损害社会公共利益的，应当承担民事责任。"这一条旗帜鲜明地宣扬了爱国这一价值观。英雄烈士们为了争取民族独立和人民解放、实现国家富强和人民幸福、促进世界和平和人类进步而毕生奋斗、英勇献身，功勋彪炳史册，精神永垂不朽。国家和人民永远尊崇、铭记英雄烈士。对英雄烈士予以褒扬、纪念，宣传、弘扬英雄烈士的事迹和精神，正是爱国主义精神的体现。相反，侵害英雄烈士等的姓名、肖像、名誉、荣誉，恰恰反映出行为人缺乏对英雄烈士的认同感、敬畏感，没有最起码的爱国主义精神。《民法典》通过第一百八十五条之规定，可以说从正面宣扬了爱国这一价值观。再以敬业为例，《民法典》第九百二十二条至第九百二十四条的规定、第九百五十三条至第九百五十五条的规定、第九百六十二条的规定，将委托合同、行纪合同、中介合同中"受人之托，忠人之事"的原则体现得淋漓尽致，这些规定都可以理解为敬业精神的体现。因为，敬业作为一项道德准则，强调的是一个人对自己所从事的工作具有认真负责的态度。"受人之托，忠人之事"所蕴含的价值理念，正是对待工作认真、负责，其对于无论公职人员还是非公职人员，均可适用。此外，友善这一价值准则在民法典中的体现亦有不少。友善的意思是指人与人之间亲近和睦，是处理人际关系的基本准则。公民积极帮助他人，与人为善，也是友善的一种表现。《民法典》关于相邻关系的规定中，第二百九十条至第二百九十六条，均在很大程度上体现出了友善这一价值观念。

任何法律制度，都应凝聚特定的文化传统和价值观。正是特定的文化传统和价值观，支撑着法律的正当性、有效性。民法典将社会主义核心价值观纳入自身的制度体系，体现的正是一种“通过立法的文化传承”。[①]中国传统的法典、律典，由于深受儒家思想的影响，旨在维护和实现一种贵贱、尊卑、长幼、亲疏有别的文明秩序。[②]自近代以来，这种文明秩序已经是一种“疲弊的文明秩序”。[③]民法典通过承载和体现社会主义核心价值观，有助于在新时代营造一种理性的社会文化，为国家的有效治理、社会的良性发展、人民素质的普遍提高奠定坚实基础。正是因为民法典与社会主义核心价值观具有密切的关联，不少法律条文均承载、体现了社会主义核心价值观，故而，有必要通过将这些体现社会主义核心价值观的法律条文真正付诸实践，在实现民法典的立法精神的同时，使社会主义核心价值观真正成为公民理性文化的一部分，从而促进文化治理目标的实现。

实际上，在当前我国的民事司法实践中，已出现了不少弘扬社会主义核心价值观的典型案例。法院在一系列案件中，通过科学的裁判，收到了很好的弘扬社会主义核心价值观的效果。例如，通过审理行为人见义勇为案件，弘扬了见义勇为这一能够体现文明价值的传统美德；通过审理电梯劝阻吸烟案，保护了自觉维护社会公共秩序和公共利益的行为，弘扬了社会正气和正义价值；通过审理涉及英雄烈士人格权益保护的案件，维护了相关英雄人物及其历史事件所体现的全民族的共同

---

① 参见杨建军：《通过立法的文化传承》，《中国法学》2020 年第 5 期，第 127 页。

② 参见瞿同祖：《中国法律与中国社会》，商务印书馆 2010 年版，第 320 页。

③ 喻中：《中国法治观念》，中国政法大学出版社 2011 年版，第 7 页。

记忆和共同情感，在保护社会公共利益的同时，弘扬了爱国这一核心价值观。在民法典实施后，有必要借鉴这些积极的判决，进一步通过司法实践弘扬社会主义核心价值观。未来，特别要做到将社会主义核心价值观融入裁判说理的过程，使司法文书成为宣传、弘扬社会主义核心价值观的有效载体。最高人民法院也应及时发布一批在司法裁判中彰显社会主义核心价值观的指导性案例，为各级人民法院提供裁判指引。①

通过民法典的实施促进文化治理，只是整个文化治理工程的关键一环。在推进文化治理的过程中，还应把握好其他要素。在民法典时代推进文化治理，应通过树立以民为本的文化治理理念，走群众路线；以人民需求为导向，提供与开展高质量、喜闻乐见的文化产品、文化活动；构建因地制宜、因人而异的文化治理体系，提供多元化、多层次、个性化的公共文化服务；构建与完善人民群众协同参与的治理机制。从这四条路径入手，走以人为本的道路，保障人们的文化权益，让人民群众享受文化成果，丰富人民群众的文化生活。这是有益于我国走中国特色社会主义文化治理之路的有效推力，也是我国文化治理向前发展的必经之路。

还需强调的是，在民法典时代推进文化治理，必须坚持走中国特色社会主义文化治理之路。民法典是在中国特色社会主义理论体系指导下产生的一部凝聚科学性、民主性、时代性、创造性的伟大法典，具有鲜明的中国特色、实践特色、时代特色，是中国法治进程中的里程碑，是中国特色社会主义制度下

---

① 参见李成斌：《论社会主义核心价值观对民事司法的影响》，《法律适用》2018 年第 19 期，第 44—46 页。

取得的伟大成果。中国特色社会主义制度是党和人民在长期实践探索中形成的科学制度体系。我国文化治理工作以此为导向，是中国特色社会主义制度体系中关键的一部分。不管是民法典还是文化治理，都被包覆在中国特色社会主义制度这盘大棋中。走中国特色社会主义文化治理之路，是在长期文化治理过程中总结出的科学化战略部署，是在实践中经过艰难探索的正确决断，是立足于国内外发展形势的合理判断，是推动国家治理体系与治理能力现代化的内在要求，是实现中华民族伟大复兴和中国梦的巨大推动力。

回眸改革开放以来的40多年历程，我国在文化治理领域取得了巨大的成就。党的十九大报告指出："十八大以来的五年，我国思想文化建设取得重大进展。加强党对意识形态工作的领导，党的理论创新全面推进，马克思主义在意识形态领域的指导地位更加鲜明，中国特色社会主义和中国梦深入人心，社会主义核心价值观和中华优秀传统文化广泛弘扬，群众性精神文明创建活动扎实开展。公共文化服务水平不断提高，文艺创作持续繁荣，文化事业和文化产业蓬勃发展，互联网建设管理运用不断完善，全民健身和竞技体育全面发展。主旋律更加响亮，正能量更加强劲，文化自信得到彰显，国家文化软实力和中华文化影响力大幅提升，全党全社会思想上的团结统一更加巩固。"①从这些文化治理领域取得的巨大成就中，可以更加直观地展现出，走中国特色社会主义文化治理之路，是一条方向正确、卓有成效的道路。

---

① 习近平：《决胜全面建成小康社会 夺取新时代中国特色社会主义伟大胜利——在中国共产党第十九次全国代表大会上的报告》，人民出版社2017年版，第4页。

党的十九大报告指出："中国正走在全面建成小康社会决胜阶段、中国特色社会主义进入新时代的关键时期，国内外形势正在发生深刻复杂变化，我国发展仍处于重要战略机遇期，前景十分光明，挑战也十分严峻。"①当前，我们要深刻地把握好文化治理与中国特色社会主义制度的关系，坚定不移地走中国特色社会主义文化治理之路。"马走日，象飞田。"文化治理中的每一部分都有自己前进与发展的道路与特色，但最后到达的目的地一定都是中国特色社会主义的伟大胜利。

① 习近平：《决胜全面建成小康社会 夺取新时代中国特色社会主义伟大胜利——在中国共产党第十九次全国代表大会上的报告》，人民出版社2017年版，第2页。

第四章　民法典与社会治理

党的十八届三中全会明确提出全面深化改革的总目标是完善和发展中国特色社会主义制度，推进国家治理体系和治理能力现代化。同时，在这次全会上也明确了社会治理的战略目标。全会指出："坚持系统治理，加强党委领导，发挥政府主导作用，鼓励和支持社会各方面参与，实现政府治理和社会自我调节、居民自治良性互动。"①党的十八届三中全会以后，习近平总书记在各种会议和讲话中经常谈及国家治理体系和治理能力现代化。党的十九大报告明确提出了建立共建共治共享的社会治理格局。党的十九届四中全会通过的《中共中央关于坚持和完善中国特色社会主义制度 推进国家治理体系和治理能力现代化若干重大问题的决定》则进一步明确了国家治理能力现代

---

①《中国共产党第十八届中央委员会第三次全体会议文件汇编》，人民出版社2013年版，第70页。

化的总目标：中国共产党成立一百年时，在各方面制度更加成熟更加定型上取得明显成效；到二〇三五年，各方面制度更加完善，基本实现国家治理体系和治理能力现代化；到新中国成立一百年时，全面实现国家治理体系和治理能力现代化，使中国特色社会主义制度更加巩固、优越性充分展现。党的十九届四中全会把国家治理能力建设作为全会的主题，这在中国共产党中央委员会全体会议历史上尚属首次。国家治理现代化成为我国政治领域深化改革的总目标，也成为政治学、社会学、法学等多种学科视野中研究的理论热点问题。

2020 年 5 月 28 日通过的《民法典》作为新中国历史上第一部以法典命名的法律，是社会生活的百科全书，是人民权利的宣言书。国家治理体系和治理能力现代化推动了《民法典》的颁布与制定，反过来，《民法典》所建构的民事法律规范与民事法律制度又巩固和发展了国家治理体系和治理能力的现代化。2020 年 5 月 29 日，习近平总书记在主持中国共产党第十九届中央政治局第二十次集体学习时指出：“民法典在中国特色社会主义法律体系中具有重要地位，是一部固根本、稳预期、利长远的基础性法律，对推进全面依法治国、加快建设社会主义法治国家，对发展社会主义市场经济、巩固社会主义基本经济制度，对坚持以人民为中心的发展思想、依法维护人民权益、推动我国人权事业发展，对推进国家治理体系和治理能力现代化，都具有重大意义。”[①]随着《民法典》的颁布，学者对《民法典》与国家治理现代化之间的关系进行了系统的梳理和研究。张文显教授认为，民法典是国家治理的良法重器。他讲述了民法典的中国故事，阐述了民法典中的中国法理。[②] 王利明教授认为，《民法典》是国家治理体系现代化的保障。[③]他从民法的价值与功能、民法制度层面、民法的渊源角度等维度阐述了民法典在国家治理体系中的作用。孙宪忠教授认为民法是国家治理的基本遵循和依靠，是国家治理最重要的法律依据之一，《民法典》可以促进国家治理体系建设，提高国家治理能力。[④]另外，还有其他学者从不同视角阐述了民法典和国家治理现代化之间的关系，形成了系列研究成果。

社会治理是国家治理的重要组成部分，是国家治理的核心内容。然而，目前学界对《民法典》与社会治理之间的关系的研究尚不多见，是一个有待全面展开的学术话题。本章拟以党的十八届三中全会以来党的会议和习近平总书记各种场合讲话中所提及的“社

① 习近平：《充分认识颁布实施民法典重大意义 依法更好保障人民合法权益》，《中国人大》2020 年第 12 期，第 7 页。

② 张文显：《民法典的中国故事和中国法理》，《法制与社会发展》2020 年第 5 期，第 6 页。

③ 王利明：《民法典：国家治理体系现代化的保障》，《中外法学》2020 年第 4 期，第 847 页。

④ 孙宪忠：《民法典是对国家治理体系和治理能力现代化的重要提升》，《中国法律评论》2020 年第 3 期，第 1—2 页。

会治理”为依据，结合《民法典》所规定的民事法律制度，对《民法典》与社会治理之间的关系进行理性而客观的剖析，揭示《民法典》在推动社会治理体系和治理能力现代化方面的重要作用。

党的十九届四中全会通过的《中共中央关于坚持和完善中国特色社会主义制度 推进国家治理体系和治理能力现代化若干重大问题的决定》明确指出：“社会治理是国家治理的重要方面。”这一重要阐述表明了国家治理和社会治理之间的内在逻辑，即国家治理和社会治理之间是一种包含与被包含的关系，社会治理体系现代化的过程也就是国家治理体系现代化的过程，提高社会治理能力也就是提高国家治理能力。社会治理作为国家治理体系的组成部分，《民法典》的颁布对其同样具有非常重要的价值。《民法典》的颁布不仅有利于推进社会治理体系和治理能力现代化，而且有利于提高社会治理的法治化水平。

在许多中外著名法律思想家的著作中，我们经常看到高度赞扬法治的名言警句。古希腊著名法律思想家亚里士多德在他的名著《政治学》中提出了法治的两个重要衡量标准：首先，应当树立法律的权威和信仰，已经制定的法律制度得到人们普遍的遵守和服从；其次，被人们遵守和服从的法律制度本身应当是包含公平与正义的良法。春秋时期法家代表人物管仲曾说道：“法者，天下之程式也，万世之仪表也。”他还指出：“法律政令者，吏民规矩绳墨也。”在管仲的视野中，法律不仅是国家和社会治理的基本依据，而且是调整人们行为的重要社会规范；无论是国家与社会的治理，还是人们行为的规范调整，都离不开法律制度。因此，他主张以法治国。正是在管仲以法治国思想的指导下，齐国的社会与经济才得到快速发展，并迅速崛起，齐桓公才得以一统天下，成为春秋战国时期的第一位霸主。隆礼重法的荀子也在《荀子·君道》中就曾经指出："法者，治之端也。"在荀子看来，制定法律是国家和社会治理的开始。质言之，没有科学制定的法律，是不可能有良好的国家治理和社会治理的，法律的制定是社会良治的逻辑起点。作为新法家代表人物的梁启超也曾说道："法者，天下之公器也。"在现代法学的奠基者梁启超看来，法律是社会治理的公共工具，在社会治理中具有十分重要的价值。由此可见，无论是西方，还是东方，无论是古代，还是当下，法治都是人类社会治理最理想的管理和治理模式。事实上，人类社会发展的史实也证明了，法治具有比人治更多的优越性，是国家治理、政府治理、社会治理和市场治理的理想途径。

新中国成立以来，在中国共产党的领导下，我国坚持走中国特色社会主义道路，形成了具有中国特色的政治制度、经济制度、文化制度和生态制度，形成了具有中国社会主义特色的法律体系和法律制度，为中国经济的快速高质量发展奠定了坚实的制度基础，提供了有效的法律制度的供给。1997 年，党的十五大提出了“依法治国，建设社会主义法治国家”的治国方略。我们清醒地认识到，社会主义市场经济就是法治经济，在发展中国特色的社会主义市场经济的过程中，需要加强社会主义法律体系建设，需要健全社会主义法律制度，从而为社会主义市场经济的发展保驾护航，促进社会主义市场经济秩序的稳定。党的十八届三中全会明确提出，建设法治中国，必须坚持依法治国、依法执政、依法行政共同推进，坚持法治国家、法治政府、法治社会一体建设。党的十八届四中全会审议通过的《中共中央关于全面推进依法治国若干重大问题的决定》指出，坚持走中国特色社会主义法治道路，建设中国特色社会主义法治体系，完善以宪法为核心的中国特色社会主义法律体系，深入推进依法行政，加快建设法治政府，保证公正司法，提高司法公信力，增强全民法治观念，推进法治社会建设，加强和改进党对全面推进依法治国的领导。党的十九大报告则进一步要求“坚持全面依法治国”。由此，法治成为社会主义新时代治国理政的基本方式，成为当下社会治理的主要工具。

民法是调整平等主体之间的人身关系和财产关系的法律规范的总称。民法典则与人们的衣食住行、生老病死、婚丧嫁娶等生产生活密切相关，被誉为社会生活的百科全书。2020 年 5 月 28 日通过的《民法典》是中国百余年以来的无数仁人志士孜孜追求的梦想，更是新中国成立以来几代人的夙愿。民法典的制定不是一蹴而就的，1954 年和 1962 年曾经两次启动民法典制定工作，但是由于当时尚不具备民法典制定的社会条件，再加上反右运动和“四清运动”等政治运动的影响，被迫两次搁浅。党的十一届三中全会以后，我国的法治建设也迎来了一个春天，在制定 1979 年《中华人民共和国刑法》的同时，第三次启动了民法典的起草工作。但是由于当时我国正处于改革开放初期，高度集中的计划经济占主导地位，全面制定民法典的客观条件仍然不具备，所以确立了民事单行法律“成熟一个制定一个”的工作思路，民法典由全面供给向逐个生产过渡。我国分别于 1985 年制定了《中华人民共和国继承法》，1986 年制定了《中华人民共和国民法通则》，1995 年制定了《中华人民共和国担保法》，1997 年制定了《中华人民共和国合同法》。在积累了一定的民事单行法制定经验的基础上，我国于 2002 年再次启动了民法典的编纂工作。但是，全国人大常委会通过仔细研究和认真调研，得出了尚不具备编纂民法典的客观条件的结论，认为应当继续采用逐个制定民事单行法，待条件成熟时再适时制定民法典的思路。正如有学者指出的那样，民法典的制定是水到渠成的事情，水不到则水渠无法形成。笔者认为，这个比喻非常形象地描绘了民法典的制定历程，这里的“水”应当主要包含两层含义：其一是中国社会主义市场经济与中国特色社会主义社会的发展水平和历史发展阶段；其二是民事单行法制定的状况。于是我国继续沿着“成熟一个制定一个”的民事立法思路，分别于 2007 年通过了《中华人民共和国物权法》，2009 年通过了《中华人民共和国侵权责任法》，2011 年通过了《中华人民共和国涉外民事关系法律适用法》，2017 年通过了《中华人民共和国民法总则》。随着民事单行法体系的不断完善，我国积累了大量的民事立法的经验，民法典编纂的客观条件逐渐成熟。

党的十八届四中全会作出了编纂民法典的重大决定。2020 年 5 月 28 日，《中华人民共和国民法典》以 99.76% 的赞成率获高票通过。自清朝末年开始的百余年的编纂中国民法典的梦想终于变成现实。民法典是新中国历史上第一部以“法典”命名的法律，是中国法典编纂的里程碑，是中国法治发展的设计图，是民众权利的宣言书，更是民众权利的保护神。民法典的颁布，进一步完善了中国特色社会主义法律体系，健全和完善了中国特色社会主义法律制度，全面推动了中国社会主义法治的历史进程。民法典所规定的民事主体法律制度、民事法律行为制度、物权法律制度、合同法律制度、人格权法律制度、婚姻家庭法律制度、继承法律制度、侵权责任法律制度等一系列民事法律制度，为平等主体之间的行为提供了法律上的指南针，规范和引导着民事法律关系主体在民事法律制度的框架下设定彼此的权利和义务。民法作用范围的普遍性决定了民法对人们生活影响的广泛性，也决定了民法典在社会治理过程中的重要性。

中外法律发展的历史表明，法典编纂是一个国家和一个时代立法技术高度成熟的重要标志。因此，民法典的编纂彰显出我国法治建设达到了一个前所未有的水平，作为中国特色社会主义法律体系重要组成部分的民事法律规范与民事法律制度随着我国经济与社会的发展而不断改革与创新。民法典的编纂，回应了时代之问与中国之问，体现了时代特色与中国特色，集中体现了工人阶级领导的最广大人民群众的意愿。民法典不但为社会主义市场经济的发展保驾护航，而且推动了全面依法治国的发展进程。作为 21 世纪之初的世界性的民法典，它是中国人民法治文明与智慧的结晶，也是人类社会法治进程中的硕果。民法典不但可以为中国经济与社会发展提供法治规划图、工具箱，而且可以为整个人类世界法治的进步与发展提供中国方案与中国智慧，①从而推动全球法治文明的现代化。

法典化是成文法国家法律编纂的主要模式，也是成文法国家最主要的法律渊源。民法典作为新中国历史上第一部以法典命名的法律，是原来“成熟一个制定一个”民事立法思想最终形成的民事立法硕果。民

---

① 王晨：《关于〈中华人民共和国民法典（草案）〉的说明——2020 年 5 月 22 日在第十三届全国人民代表大会第三次会议上》，《中国人大》2020 年第 12 期，第 14 页。

法典对1986年《民法通则》以来的民事单行法进行了全面的修订、完善、补充、整理，消除了民事单行法彼此之间内容相抵触、相矛盾的法律规范和法律制度，实现了民事法律体系内部的协调统一。民法典不仅对原有的《民法总则》《物权法》《合同法》《侵权责任法》《婚姻法》和《继承法》等民事法律进行全面的梳理和整合，而且把多年来最高人民法院通过的不少民事司法解释进行了吸纳，同时也实现了与民事法律制度相关的中国共产党的方针、路线和政策等非正式法律渊源的法律化。民法典除了附则以外共由七编构成，其中总则编、物权编、人格权编、合同编、婚姻家庭编、继承编和侵权责任编形成了一个完整的法律体系，七编之间既相互独立，又彼此关联，相辅相成，形成一个有机联系的统一整体，可以说是一个体系清晰、逻辑严谨、规范系统、层次分明的系统。总之，民法典不但消除了原有民事法律内部不协调的冲突因素，而且形成了一个内部完整的法律系统，推动了民事法律规范内部体系的法治化，也进一步健全了社会主义法律规范体系，促进了以良法促进善治的规范和制度的形成，成为社会治理法治化的前提和基础。

党的十九大报告提出，经过长期努力，中国特色社会主义进入了新时代，这是我国发展新的历史方位。随着我国社会各个领域立法的逐步推进，全面立法、依法立法、科学立法、民主立法、公众参与立法成为新时代立法活动的主要特征，中国特色社会主义法律体系和法治体系日益健全。法治国家、法治社会、法治政府的一体化建设取得重大成效。新时代全面推进依法治国的进程，加强社会治理，需要完善的民事法律体系，需要通过科学的民事立法促进社会的有效治理。民法典被称为社会生活的百科全书，这表明民法典与人们的生产生活之间有着十分密切的关联。《民法典》总则编把民事法律主体分为自然人、法人和非法人组织三种类型，规定了民事主体所享有的民事权利及其行使方式，明确了民事法律行为的成立和有效的条件，规定了民事代理，厘清了民事法律责任的构成要件和承担方式。《民法典》的分则编确立了物权法律制度、合同法律制度、人格权法律制度、婚姻家庭法律制度、继承收养法律制度、侵权责任法律制度。《民法典》总则和分则所规定的民事法律制度形成了一个完整的法律体系，规范和调整着平等主体之间的人身关系和财产关系。民法典和其他法律部门共同构成了社会主义法律体系的重要内容，成为支撑社会治理体系的基础性法律规范，成为提升社会治理法治化水平的制度前提。在全面总结中国改革开放以来的民事单行法立法的经验、民事司法实践和民事法律服务实践的基础上制定的民法典，不但可以进一步促进社会主义法律体系的完善，而且可以推进社会治理的现代化，可以提升社会治理的法治化水平。

第一节　民法典彰显道德的社会治理作用

人类社会良好社会秩序的形成需要法律调控机制，同时也需要发挥道德规范的调控作用。正因如此，社会治理既需要法律规范，也需要道德规范。中国传统社会几千年的发展历史彰显了中国古代社会治理过程中道德规范的重要作用。有的学者认为，“德主刑辅”是中国传统社会治国理政的基本方略。有的学者则认为，中国传统社会的“德主刑辅”事实上只不过是一个高大上的伪命题罢了。在他们看来，中国传统社会的治国理政方略应当是以德治国与依法治国的有机结合，是儒法合流、礼法合治。“德主刑辅”和“以德治国与依法治国”之间存在较大差别，不能把“德主刑辅”等同于“以德治国与依法治国”。其实，不论中国传统治国理政的基本方略是“德主刑辅”，还是“以德治国与依法治国相互结合”，都彰显了一个共同的特征，那就是中国传统社会十分注重道德规范在社会治理过程中的重要作用。

西周时期，作为儒家的先驱，周公所缔造的尊尊、亲亲的宗法礼制事实上确立了以道德规范为核心的等级森严的礼法。

儒家思想的重要代表孔子则提出了“为政以德”的思想。在孔子看来，如果通过道德规范来进行国家和社会的治理，那么就会“为政以德，譬若北辰。居其所而众星拱之”。在孔子所构建的仁政方略里，道德规范是仁政方略的重要支撑，也是统治者获得民心，得到百姓拥护的重要原因。孟子也曾经说道：“徒善不足以为政，徒法不足以自行。”孟子从法律和道德的辩证关系入手，看到了道德与法律各自的重要价值和各自的局限性。孟子尽管是继孔子之后儒家的重要代表，被称为“亚圣”，但他的治国思想和孔子已经产生了一定分歧。孟子强调治国理政单纯地依靠法律或者单纯地依靠道德都是不可取的，最理想的治国模式应当是依法治国和以德治国的有机统一。作为儒家思想继承者的荀子则提出了“隆礼重法”的治国思想。在荀子看来，礼是社会治理的根本，法是社会治理的重要手段。在《劝学》篇中，荀子认为“礼者，法之大分，类之纲纪也”。在《性恶》篇中，荀子又指出“礼义生而制法度”。在这里，荀子对法与道德之间的关系进行了深刻的剖析。他认为，道德是法律制定的前提和依据，法律应当体现道德的内在规定性，否则就会产生“害事乱国”的可悲结果。

尽管法家思想适应了春秋战国时期群雄争霸的客观需要，但严刑峻法也成为秦朝走向灭亡的重要原因。西汉时期，汉武帝听取董仲舒的建议，实行“罢黜百家，尊崇儒术”，确立了儒家思想两千多年来在中国封建社会的正统思想地位。西汉时期，引经决狱体现了儒家思想的法律化，体现了道德规范在社会治理过程中的重要作用。到了唐朝，“一准乎礼”成为唐朝立法和司法的基本原则。儒家的伦理道德思想不仅成为唐朝法律制定的指导思想，也是唐朝司法过程中进行定罪量刑的重要原则。可以说，作为唐律重要代表的《唐律疏议》是儒家思想法律化的最集中体现，其不仅重视法律的作用，更重视法律规范背后的道德和伦理逻辑。唐代以后，宋代的《宋刑统》、明代的《大明律》、清代的《大清律例》都是披着法律的外衣，拥有着儒家思想的内核。黄仁宇在《万历十五年》一书中甚至指出："中国两千年来，以道德代替法制，至明代而极。"①在他看来，甚至整个中国古代社会很多时候都是用道德来代替法律，以实现对社会的调整与治理。

马克思主义经典作家也认为，道德在社会治理中具有十分重要的作用。马克思认为，道德和法律都属于社会上层建筑，道德和法律由相应的经济基础来决定，同样，道德和法律还会反作用于经济基础。在马克思看来，法律是社会关系的调节器，法律不仅具有阶级统治的功能，而且具有社会管理的公共职能。因此，在阶级社会里，应当充分发挥法律对人类社会关系的调整和规范功能。马克思同时认为，道德对人类社会的发展同样具有重要价值。恩格斯也认为应当创造建立在纯人类道德生活关系基础上的新世界。

党的十五大以后，我国在提出依法治国方略的同时，也提出了加强社会主义精神文明建设，积极推进以德治国的治国方略，实行依法治国和以德治国相结合的治国方略，法律和道德两种社会规范在国家和社会治理过程中相辅相成。党的十八大以来，以习近平同志为核心的党中央在全面推进依法治国的同时，十分重视社会主义道德建设。习近平在多次讲话中都强调要加强培育社会主义核心价值观，加强社会主义精神文明建

① ［美］黄仁宇：《万历十五年》（增订本），中华书局2007年版，自序。

设。他指出，国无德不兴，人无德不立。由此可见，无论是马克思主义经典作家，还是新中国成立以来党中央领导集体，都非常重视道德在社会关系调整中的作用，都重视道德规范在社会治理中所具有的特殊意义。

民法典作为新时代良法善治的重要依据，也十分重视道德内容的法律化，注重实现道德内容的法律表达，从而利用法律的手段促进道德规范在社会治理过程中发挥积极的作用。《民法典》第一条明确规定“弘扬社会主义核心价值观”是民法典制定的目的之一。社会主义核心价值观是中华民族的思想纽带，是社会主义思想道德建设的最集中表达，是当代中国精神的集中体现，也是凝聚中国力量的思想道德基础。社会主义核心价值观对各行各业、各类行为主体均具有重要的引领作用，是处理个人之间、个人与国家之间、个人与社会之间的行为指南。民法典把弘扬社会主义核心价值观作为立法目的，彰显了整个民法典、所有的民事法律规范都应当以社会主义核心价值观作为指导原则，作为思想灵魂。社会主义核心价值观像一根红线一样贯穿于整个民事法律运行的全过程，民事立法活动、民事司法活动、民事法律服务活动、人们遵守民事法律的行为都应当贯彻和践行社会主义核心价值观。

法律关系主体在民事领域遵循的基本原则是“法无明文禁止即可为”。这就意味着行为人的边界是法律，只要法律没有明文禁止的，行为人都可以实施。《民法典》第八条规定：“民事主体从事民事活动，不得违反法律，不得违背公序良俗。”这是民法典对“公序良俗原则”的规定。公序良俗原则作为民法的基本原则之一，是民法规则制定的前提和基础。这就意味着，民事法律关系主体在进行民事法律行为时，除了应当注意不碰触民事法律的禁止性规定，还应当不违背公序良俗等基本法律原则。比如，司法实践中发生的被继承人通过遗嘱把财产留给婚外第三者而产生的第三者和原配争夺遗产的法律纠纷，法院往往因违背公序良俗的基本法律原则而排斥遗嘱继承优于法定继承的法律规则。在适用法律的过程中，一般是优先适用法律规则，以防止抽象笼统的法律原则导致司法人员拥有过大的自由裁量权，只有当穷尽规则或者适用规则明显违背社会的基本价值理念、违背社会公序良俗、导致显失公平的结果时，才可以适用法律原则。比如，民法典婚姻家庭编第一千零四十八条规定："直系血亲或者三代以内的旁系血亲禁止结婚。"那么，直系姻亲是否可以结婚？无论是在西方还是在中国古代，均曾出现过哥哥去世弟弟娶嫂子，或者姐姐去世妹妹嫁姐夫的情形，对于这种现象的产生，很多时候不但不禁止，还给予了一定的理解和支持，认为这属于续"亲缘"。然而，在现代社会中，直系或旁系姻亲结婚则为社会伦理和道德所不容。比如丈夫去世以后，妻子不能嫁给丧偶的公公；妻子去世以后，丈夫也不能娶丧偶的岳母。尽管这些情形在法律中都没有明确规定为禁止结婚的情形，但是直系或旁系姻亲结婚却违背了公序良俗原则，因而自然不能结婚。民法典直接把公序良俗作为基本法律原则，对于在社会生活中形成良好的社会公共秩序、培育和传承良好的风俗习惯、弘扬社会主义核心价值观均具有重要的意义。

《民法典》第十条规定："处理民事纠纷，应当依照法律；法律没有规定的，可以适用习惯，但是不得违背公序良俗。"这就意味着，在民事法律没有明确规定时，为了弥补法律漏洞，可以适用民事习惯解决民事纠纷。但是民事习惯不能是陈规陋习，不能违背公序良俗。民事习惯是人们在长期的生产和生活过程中所形成的约定俗成的行为模式，它构成了民法的渊源之一，并且在民事法律没有规定的情况下，甚至可以成为民法的正式渊源。但判断民事习惯能否成为民法正式渊源，还需要用公序良俗的标尺去衡量，只有不违背公序良俗的民事习惯才可以成为民法的正式渊源，才可以成为解决民事纠纷的依据。

此外，根据《民法典》第一百四十三条和第一百五十三条之规定，公序良俗还是判断民事法律行为有效与否的标准。第九百七十九条规定，在无因管理的情形中，受益人的真实意思是否违背公序良俗，是判断其是否应当承担对管理人偿还必要费用和给予适当补偿的义务的依据。第一千零一十二条和第一千零一十五条则规定了公民的姓名权及其行使的行为边界，即无论是选取姓氏还是使用姓名均不得违背公序良俗。第一千零二十六条规定，内容与公序良俗的关联性，是判断行为人在新闻报道过程中是否对他人提供的严重失实内容尽到合理核实义务的判断依据。总之，《民法典》全文共八次提到公序良俗，其中既包括民法的基本原则，也包括具体的民事法律规范。由此可见，民法典对社会主义核心价值观、公序良俗的法律化和制度化，极大地推动了社会主义道德规范的法律化。而民法典的实施必然会促进道德规范在社会治理过程中发挥重要作用。

第二节　民法典与社会自治

社会治理也就是治理社会，是指特定主体通过一定的途径、方式和程序管理社会事务的过程。有的学者认为，社会管理不是从来就有的，而是人类社会发展到一定历史阶段的产物。在农业社会，社会治理的主要特点是国家的统治阶级通过一定的方式对社会实施管理，在工业社会，尤其是西方资本主义进入垄断资本主义阶段以后，社会治理的过程突出强调国家的公共服务和管理职能的发挥。人类社会进入后工业社会的信息社会以后，随着社会组织、企事业单位、社区、公民个人等社会主体治理能力的提升，实现社会管理与社会主体自治相结合的社会治理模式成为新型的社会治理思路。①

在新型社会治理模式下，强调国家和政府的社会管理与多元社会主体自治的相互补充，相辅相成。通过加强国家对社会的管理，减少社会自治的成本，促进社会自治水平的提高；通

① 张康之：《论新型社会治理模式中的社会自治》，《南京社会科学》2003 年第 9 期，第 39—40 页。

过加强社会主体的社会自治能力，实现社会领域的和谐自洽。事实上，国家与社会的治理水平和治理状况，不仅和政府对社会的管控能力密切相关，而且与其他社会主体的自我管理能力和水平有着更为紧密的关联。良好社会秩序的形成，需要国家对社会有效而科学的管理，更需要其他社会主体自治能力的不断提高。片面强调政府的社会管理或者社会组织的自治都是不对的。单纯追求政府的社会管理会导致政府权力的过度膨胀而压缩了民众的自由空间；单纯的社会自治则会影响社会秩序的稳定。[①]因此社会治理最理想的策略应当是政府的社会管理与社会自治的有机结合。

党的十八届三中全会以后，我国明确提出了“社会治理”的概念，社会管理模式实现了由“社会管理”到“社会治理”的转变。这一变化不仅仅是概念的简单变化，而且体现了国家对社会的管理模式由政府主导社会管理到多元共治的社会治理的转变。这一转变事实上也代表了中国共产党面对新形势和新问题，尤其是随着社会主体自治能力的不断增加，从单方面强调国家对社会的管理到既注重政府对社会的管理职能，又关注社会主体自我管理，形成政府的社会管理和其他主体自我管理相结合的共治共享的社会治理新格局。

社会自治就是人民群众通过一定的组织形式，采取一定的程序和途径所进行的自我管理。在社会主义建设的新时代，我国社会自治主要包括社会组织自治、社区自治、农村村民自治、城市居民自治、行业组织自治；等等。我国民法典所确立

---

① 俞可平：《社会自治与社会治理现代化》，《社会政策研究》2016年第1期，第74页。

的民事法律制度有效地促进了社会自治，提高了社会的自治能力，实现了共建共治共享的社会治理制度的法律化。

首先，民法典通过授权性规则广泛保护民事法律关系主体的权利。民法典是一个典型的权利本位的法，对民事法律关系主体的财产权利和人身权利进行了全面而系统的规定，更加全面地保护人们的民事权益。据统计，民法典中 256 次提到“权利”，192 次提到“有权”，9 次提到“自由”。这表明权利成为民法典中最核心的主题，民法典是以保障人们的权利、实现人们的权利为价值归宿。尤其是，民法典中把人格权独立成编更是民事权利本位的一大进步，由过去的物的价值中心论向人的价值中心论转变，由财产权保护本位向人格权保护本位转变，彰显了民法典的人文主义色彩和对人的价值的倾斜性关注。另外，尽管自然人的民事权利始于出生终于死亡，但是民法典对自然人的权利保护延伸到出生之前和死亡之后。根据我国民法理论，胎儿不是人，不具有民事权利能力，不能成为民事法律关系的主体，但是在涉及遗产继承或者接受赠与方面，民法典却把胎儿看作具有民事权利能力的法律关系主体，对胎儿的利益进行倾斜性的保护。《民法典》第十六条明确规定涉及遗产继承、接受赠与等胎儿利益保护的，胎儿视为具有民事权利能力。继承编第一千一百五十五条进一步规定，遗产分割时，应当保留胎儿的继承份额。因此，即便是尚未出生的胎儿，其权利保障也被纳入了民法典。同样，自然人死亡以后，因法律关系主体的消亡，其所享有的各项权利自然也归于终结，但民法典仍对死者的人格利益进行了充分保护。如《民法典》第一百八十五条规定，“侵害英雄烈士等的姓名、肖像、名誉、荣誉，损害社会公共利益的，应当承担民事责任。”第九百九十四条规定，“死者的姓名、肖像、名誉、荣誉、隐私、遗体等受到侵害的，其配偶、子女、父母有权依法请求行为人承担民事责任；死者没有配偶、子女且父母已经死亡的，其他近亲属有权依法请求行为人承担民事责任。”

由此可见，无论是英雄烈士还是普通公民，在去世以后，其生前所享有的姓名权、肖像权、名誉权、荣誉权、隐私权仍然被纳入民法保护的范围。此外，《民法典》物权编的最大亮点就是增设了居住权，通过法律来保障人们基本生活居住的权利。民法典还完善了免责事由体系，在原来《民法总则》中规定的正当防卫和紧急避险之外，增加好意同乘、紧急救助、自甘风险、自助行为等免责或者减轻法律责任的事由。授权性规则赋予了当事人民事法律行为的选择权，当事人可以自己为一定行为，也可以不为一定行为。授权性民事法律规则所设定的可为模式使得民事法律关系的当事人可以根据自己的意志自由行使自己的权利，实现个人事务的自我管理。而民事免责事由则进一步扩大了民事主体从事一定法律行为的边界，鼓励民事法律行为主体积极行使自己的权利。

其次，民法典所确立的意思自治原则推动社会治理自治化。民法在性质上属于私法的范畴，是调整平等主体之间人身关系和财产关系的法律规范的总称。民法的私法性、主体的平等性决定了民法所调整的法律关系主体之间的意思自治性，即人们之间要不要缔结法律关系、和谁缔结法律关系、缔结什么样的法律关系完全由当事人自主决定。在民事法律领域，只要民法没有明确禁止的，当事人都可以根据自己的意志来决定行为的取舍和方向。国家对民事法律领域的行为的约束和限制往往局限于一定的合理范围之内，处于消极地位，对于合法的民事法律行为，应当尽量减少对当事人的行为进行干预，尽量尊重当事人之间的意思自治，允许当事人在法律许可的范围内自由、充分、真实地表达自己的行为意愿，即法无明文禁止皆可为。有的学者甚至把意思自治看作民法的根基和首要原则。①《民法典》第五条明确规定："民事主体从事民事活动，应当遵循自愿原则，按照自己的意思设立、变更、终止民事法律关系。"该条规定明确了民法的意思自治原则，也就是说，民事主体在实施民事法律行为，从事民事法律活动的过程中，当事人的意愿不受国家机关、社会组织和其他行为主体的干预，完全根据自己的主观意愿，按照自己的意思来决定民事法律关系的设立、民事法律关系的变更和民事法律关系的终止。意思自治作为民法典的基本原则，这就意味着意思自治会贯穿于整个民法典的始终，民事法律规范的制定、修改、废止、适用、执行、解释、遵守等环节都应当遵守意思自治这一基本法律原则。《民法典》第一百三十三条和第一百三十四条则规定意思表示是民事法律行为成立的基本条件，强调当事人之间意思表示的重要性，意思表示可以决定法律关系的形成、变更和消灭。第一百四十三条则规定意思表示真实是民事法律行为有效的条件。如果不是基于当事人之间真实意思表示的民事法律行为，将会属于无效或者可撤销的民事法律行为。比如，第一百四十七条规定的基于重大误解实施的民事法律行为、第一百四十八条和第一百四十九条规定的基于欺诈行为而违背真实意思的民事法律行为、第一百五十条所规定的基于胁迫手段而违背

---

① 赵越：《意思自治原则的适用范围》，《政法论坛》2004 年第 2 期，第 100 页。

真实意思的民事法律行为都是可撤销的。此外，第一千零六十四条对夫妻共同债务的规定也以夫妻双方共同意思表示为构成要件，第一千零四十六条和第一千零七十六条分别规定结婚和离婚都必须基于当事人的自主自愿，其他任何主体都不能干涉当事人之间的结婚自由和离婚自由。第一千一百四十三条则规定，当事人在遗产继承的过程中所立遗嘱也必须是遗嘱人的真实意思的表示，凡是基于欺诈、胁迫等所立的非真实意思表示的遗嘱都不具有法律效力。综上所述，民法典中所确立的意思自治原则，以及建立在意思自治基础上的民事法律规范和民事法律制度确保了当事人能够根据自己的真实意愿来从事民事法律行为，成为社会治理自治化的前提，推动了社会治理过程中的自治能力的提高和自治体系的构建。

第三节　民法典与家庭关系

马克思恩格斯在《德意志意识形态》中指出，“家庭是夫妻之间的关系，父母和子女的关系”①。根据马克思主义经典作家的描述，我们可以清晰地看到，家庭是社会关系的缩影，是恩格斯在《家庭、私有制和国家的起源》中所描述的基于物质资料生产所形成的社会关系和基于人类自身生产所形成的婚姻关系的结合体。无论是马克思晚年所写的《路易斯·亨·摩尔根〈古代社会〉一书摘要》，还是恩格斯在马克思的古代社会史笔记的基础上所写作的《家庭、私有制和国家的起源》，都利用唯物主义历史方法论，揭示了人类社会早期的发展历史，描述了家庭的发展过程和家庭的历史形态。在马克思和恩格斯看来，家庭的本质是社会关系，是人类自身生产得以进行的形式，家庭反映了人与自然的关系，家庭以缩影的形式包含了一

---

① 马克思、恩格斯：《马克思恩格斯文集》（第 1 卷），人民出版社 2009 年版，第 532 页。

切后来在社会及国家中广泛发展起来的对抗。[①]在马克思和恩格斯的视野中，家庭兼具自然属性和社会属性。从自然属性来看，家庭是人类自我生产、两性结合的自然进化发展的产物；从社会属性来看，家庭又是人类从事物质资料生产的社会单元。恩格斯还进一步指出，家庭是国家和社会起源的逻辑起点，家庭是缩小的国家，国家是扩大的家庭，国家和社会中的阶级对抗也可以在家庭关系中找到最初的本源。可以说，《家庭、私有制和国家的起源》一书奠定了马克思主义法理学的方法论。[②]总之，马克思和恩格斯十分重视家庭在人类社会发展过程中的重要作用。恩格斯在《家庭、私有制和国家的起源》中所形成的解释系统、叙事框架，已成为观察人类社会发展历史、分析人类社会问题的一把钥匙。

优良的家风传承是中华民族的传统美德，中华民族在历史上就非常重视家庭建设、家风建设。家庭是社会治理的基本单元，传统中国从家政类推国政，从家庭治理类推国家治理。古代中国，从西周开始就逐渐形成了尊尊、亲亲的宗法礼治社会规范，为家国同构的社会格局形成奠定了基础。在家国同构的社会格局下，家国一体，具有相似的治理规范、治理体系和治理结构。曾参在儒家经典《礼记·大学》中曾云："古之欲明明德于天下者，先治其国。欲治其国者，先齐其家。"在曾子看来，家庭治理和国家治理之间存在着十分紧密的联系，齐家是治国的重要前提，只有管理好家庭，形成良好的家风，才可

---

① 恩格斯：《家庭、私有制和国家的起源》，人民出版社 1999 年版，第 54 页。

② 喻中：《国家与法的方法论——关于〈家庭、私有制和国家的起源〉的重新理解》，《政法论丛》2018 年第 4 期，第 3 页。

以实现国家的治理。修身齐家治国平天下成为中国古代知识分子追求的梦想和最大的人生目标。习近平总书记2015年2月17日在春节团拜会上的讲话中指出："家庭是社会的基本细胞，是人生的第一所学校。不论时代发生多大变化，不论生活格局发生多大变化，我们都要重视家庭建设，注重家庭、注重家教、注重家风……使千千万万个家庭成为国家发展、民族进步、社会和谐的重要基点。"2016年12月15日，习近平总书记在会见第一届全国文明家庭代表时的讲话中再次强调了家庭的重要意义，并提出了三点希望：第一，希望大家注重家庭。第二，希望大家注重家教。第三，希望大家注重家风。从习近平总书记在各种场合的讲话中，我们也可以看出以习近平同志为核心的党中央十分重视家庭在社会发展与国家建设过程中的重要作用。对于家庭的建设，对家庭关系的调整，不仅有利于小家的和谐稳定，而且可以通过作为社会细胞的家庭作用于整个社会关系，从而实现国家的长治久安。

家庭是社会的细胞，是公民个体与社会联系的桥梁。民法典作为调整平等主体之间人身与财产关系的法律规范，专设婚姻家庭编和继承编，对民事主体之间的婚姻关系、家庭关系和继承关系进行专门的调整。我国新制定的民法典不但重视家庭作为独立的法律关系主体地位的确立，而且注重家庭成员之间民事法律关系的调整。民法典不但在总则编、物权编、合同编、侵权责任编、人格权编等各编中注重家庭成员之间平等关系的维护，对家庭中老人、未成年人的倾斜性保护，而且设置婚姻家庭编和继承编，对家庭中的民事法律关系进行专门的调整和保护。民法典共七编，其中两编都是用来规范和调整家庭关系的，这充分表明了民法典对家庭关系的特别关注。

第一，民法典确立了家庭的法律关系主体地位。民法典在第二章第四节规定了两种特殊的自然人形式：个体工商户和农村承包经营户。这表明家庭经营的个体工商户和农村承包经营户可以成为法律关系的主体，享有相应的民事权利，承担相应的民事义务。有的学者认为“家”和“户”是两个既相互区别又相互联系的概念，从社会治理的角度来看，家是社会的最基本元素，主要包含家庭、家族与宗族三层含义，户是国家对家庭进行户籍管理的基本形式，通过户来实现国家政治统治。①因此，家和户在本质上是一样的。从《民法典》第五十六条关于个体工商户是以个人财产还是家庭财产对外承担法律责任的规定可以看出，个体工商户主要是指以家庭为单位的经营主体。农村承包经营户则是指以家庭为单位对农村土地进行承包经营的经济主体，是土地承包经营权的行为主体。民法典对个体工商户和农村承包经营户法律关系主体的规定，对于促进社会主义市场经济的发展、保护个体工商户的合法权益，明确农村土地承包经营权的权利主体、保障农户的土地承包经营权、促进基层商业社会和农村社会治理的现代化均具有十分重要的意义。

第二，民法典确立了家庭成员之间的平等地位。家庭是由夫妻、子女等家庭成员构成的集合体。夫妻之间的法律关系、父母和子女之间的法律关系成为民法典规范和调整的主要对象。适用法律一律平等是我国法律的基本原则，所以，民事主体之间法律地位的平等性是民法的基本特征之一。家庭成员之

① 李伟：《“家”、“户”之辨与传统法律表征》，《政法论丛》2015年第6期，第66—67页。

间主要是人身关系和财产关系，家庭成员之间的法律地位理应平等。民法典通过一系列法律制度和法律规范确保家庭成员之间平等权的行使。《民法典》总则关于民事权利的规定即体现了家庭成员之间的平等性。《民法典》第一百一十条规定自然人享有婚姻自主权，这就意味着家庭成员在结婚与否、结婚对象是谁、是否离婚等方面享有自我选择的权利，其他任何家庭成员都不得干涉，这是婚姻自由原则的体现，更是家庭成员法律地位平等的重要彰显。无论是子女，还是父母，他们之间的法律地位都是平等的，父母不能干涉和影响子女的婚姻，子女也不得干涉父母的婚姻。《民法典》婚姻家庭编第一千零四十一条规定："实行婚姻自由、一夫一妻、男女平等的婚姻制度。"这是婚姻自由和平等思想的进一步贯彻，确立了婚姻自由、一夫一妻、男女平等的三大基本原则。第一千零四十二条则通过禁止性的行为规范，对违背家庭成员地位平等原则的包办婚姻、买卖婚姻、假借婚姻索取财物等行为进行了明令禁止。第一千零四十六条进一步规定："结婚应当男女双方完全自愿，禁止任何一方对另一方加以强迫，禁止任何组织或者个人加以干涉。"民法典中对婚姻自由和平等的多方面规定，使得婚姻平等原则由抽象走向具体。另外，民法典还规定了基于胁迫和欺诈的婚姻属于可撤销婚姻，这是对婚姻平等的进一步维护。民法典对家庭中夫妻关系、父母和子女关系的其他规定，也都充分彰显了家庭成员之间的法律地位平等。家庭成员之间的法律地位平等，有利于形成和谐稳定的家庭关系，有利于家庭成员自主地管理与本人有密切关系的人身和财产关系，有利于提高家庭内部治理能力。

第三，民法典为家庭内部矛盾和纠纷的解决提供了法律依据。家庭、家风和家教都应当遵循和谐的基本理念，家庭成员之间应当和平相处、相亲相爱、相互尊重、彼此支持、互相理解。但是由于各种原因，家庭成员之间发生这样那样的矛盾而影响家庭和睦的情形又时常发生。民法典针对经常发生矛盾和纠纷的领域作出了预防性的法律规定，尽量减少家庭纠纷的发生，并为家庭纠纷的解决提供依据。司法实践中经常发生夫债妻偿或者妻债夫偿的情形，这对夫妻关系的另外一方是不公平的，也有可能演化为更加严重的其他社会问题。《民法典》第一千零六十四条新增了夫妻债务“共债共签规则”，即夫妻共同债务必须经过夫妻两人的共同签名认可，或者有事后另一方进行确认等明确的夫妻共同债务的意思表示，否则只能认定为夫妻一方的个人债务，由夫妻一方中的个人负责清偿，另外一方不承担任何债务清偿的法律责任。这对夫妻共同债务的确定划定了明确的认定标准，不但有利于保护夫妻双方在婚姻家庭关系中的和谐关系，而且可以防止在不知情的情况下背负巨额的债务负担。第一千零六十七条则规定了父母和子女之间抚养和赡养的法律关系，无论是父母对未成年子女、没有独立生活能力的成年子女，还是成年子女对缺乏劳动能力的父母和生活困难的父母都应当尽相应的法律义务。第一千零七十四条对隔代抚养和隔代赡养作出了明确规定，明确了祖父母对孙子孙女，成年孙子孙女对老年祖父母的法律义务。此外，民法典还对非婚生子女与婚生子女、养父母与养子女、继父母与继子女之间的法律关系作出了明确规定，明确规定了各种家庭成员所享有的权利和承担的法律义务。民法典对家庭成员权利和义务的规定，以及对家庭纠纷和矛盾的预防，都有利于实现家庭内部社会关系的和谐与稳定，都有利于推进家庭关系治理的现代化。

第四节　民法典与社会秩序的完善

民法典所确立的民事权利和民事法律制度筑起了民事法律关系主体私权的防护网和保护墙。2020 年 5 月 29 日，也就是民法典通过的第二天，习近平总书记主持召开中共中央政治局第二十次集体学习，并发表了《充分认识颁布实施民法典重大意义 依法更好保障人民合法权益》的重要讲话。习近平提出了实施好民法典的五大举措，其中第三大举措为加强民法典执法司法活动。习近平指出："各级政府要以保证民法典有效实施为重要抓手推进法治政府建设，把民法典作为行政决策、行政管理、行政监督的重要标尺，不得违背法律法规随意作出减损公民、法人和其他组织合法权益或增加其义务的决定。"[①]习近平总书记的讲话深刻揭示出了民法典与建设法治政府之间的关系。一方面，民法典为法治政府的建设提供了行为标准，设定了公权力的行为边界；另一方面，法治政府建设可以推动民法

① 习近平：《充分认识颁布实施民法典重大意义 依法更好保障人民合法权益》，《中国人大》2020 年第 12 期，第 9 页。

典所设定的民事法律制度的落实，可以促进民事主体民事权利的全面实现。

民法典关于民事法律关系主体基本权利的规定，明确规定了民事法律关系主体所享有的人身权利、财产权利和其他权利。在私法领域，法无明文禁止皆可为。无论是民事主体的人身权利还是财产权利，都是民事主体享有的权利领域。国家公权力应当具有谦抑性，在实行意思自治的民事私权领域不能进行过多干预。[①]《民法典》第三条确立了民事权益受法律保护原则。在《民法典》物权编则规定了民事主体所享有的物权和国家享有的物权、集体享有的物权具有同等法律地位，任何组织或者个人均不得侵犯民事主体所享有的物权。在《民法典》人格权编，则规定了任何组织或者个人不得侵犯民事主体所享有的人格权，不得侵犯自然人所享有的生命权、健康权和身体权。这里的任何组织自然也包括国家公共权力机关。

国家公共权力机关及其工作人员在行使国家公权力的过程中，应当以人民的利益为中心，不得损害民事主体所享有的各项民事权益。首先，公共权力机关在制定相关规范（如行政规章）时，应当严格遵守上位法优先原则和法律保留原则，不能与民法典规定的民事法律制度相抵触，不能设置剥夺民事主体民事权利或者加大民事主体民事法律义务的条款。其次，公共权力机关及其工作人员在执行公共权力的过程中，应当严格遵守一切行为都必须有明确法律依据的基本原则，坚决贯彻法律没有明确授权即为禁止的基本精神，落实民法典的制度，不但

---

① 石佑启：《论民法典时代的法治政府建设》，《学术研究》2020 年第 9 期，第 2—3 页。

不能侵犯公民所享有的人身权、财产权和其他合法的民事权益，而且应当采取一切积极的措施确保民法典所赋予民事主体的各项民事权利得以保障和实现。①

民法典从总则部分的概括规定，到分则部分的具体规定，厘清了国家公共权力的行使边界，在尊重民事主体私权的基础上推进社会治理体系的现代化。民法典全面确认了民事法律关系主体所享有的各项人身权利、人格权利、财产权利和其他合法的权利，也划定了国家公权力与民事主体私权利之间的行为边界。国家公权力应当关进制度的笼子，在权力制约权力、权利制约权力的双重制衡体系下，尊重民事主体所享有的民事私权，全面保障民事主体所享有的各项权利得以实现。②民法典的规定不仅可以促进法治政府建设，而且可以提高依法行政的能力和水平，使行政检查、行政强制、行政征收、行政收费、行政许可、行政处罚、行政裁决等行政行为都纳入法治化轨道，切实防止国家公权对民事主体私权的侵犯。民法典对公权和私权行为边界的划分，对于法治国家、法治政府和法治社会的构建均具有重要的意义，不仅可以促进有限政府和市民社会的形成，而且可以促进公权力运作的规范化和法治化，实现私法自治，进而完善社会秩序。

概而言之，法典编纂是一个国家立法技术高度成熟的重要体现。法典是人类法治文明智慧的结晶，是人类社会治理的重要依据。从世界法治文明发展的历史来看，每个注重编纂法典

---

① 石佑启：《论民法典时代的法治政府建设》，《学术研究》2020 年第 9 期，第 3—4 页。

② 周佑勇：《贯彻实施民法典 提高国家治理现代化水平》，《学习时报》2020 年 6 月 19 日第 1 版。

的时代往往都是一个国家法治文明高度发达的时期，而所编纂的法典又极大地推动了社会治理的进程，对社会秩序的形成和经济发展起到了重要作用。《汉穆拉比法典》代表了古巴比伦奴隶制立法的最高成就，成为两河流域楔形文字法的集大成者。作为中国古代法律制度发展顶峰的《唐律疏议》，代表了中华法系最杰出的立法成就，不但对唐代以前的法律制度进行了经验总结，而且对后世的《宋刑统》《大明律例》和《大清律例》，以及朝鲜、越南、日本等周边国家的法律制度产生了重要影响。编纂于19世纪初的《法国民法典》不但促进了法国资本主义经济的繁荣发展，实现了自由资本主义时期的社会治理，而且奠定了大陆法系的根基。诞生于19世纪末的《德国民法典》顺应了德国统一的历史趋势，满足了垄断资本主义时期发展的客观需要，巩固和稳定了当时德国的社会关系和社会秩序，为德国经济的崛起起到了十分关键的作用。诞生于21世纪初的《中华人民共和国民法典》，具有鲜明的中国特色、实践特色和时代特色，[①]它既讲述了中国故事，又蕴含着中国社会的法理，[②]回答了中国之问和时代之问。[③] 它诞生于中国全面推进社会治理体系和治理能力现代化建设的伟大实践中，蕴含着社会治理的丰富内涵，也必将进一步推进社会治理体系的构建，也必将提高社会治理能力，实现社会治理的现代化。

---

① 王利明：《民法典的中国特色、实践特色和时代特色》，《社会治理》2020年第9期，第16页。

② 张文显：《民法典的中国故事和中国法理》，《法制与社会发展》2020年第5期，第6页。

③ 王轶：《民法典：回应“中国之问”和“时代之问”》，《检察日报》2020年6月2日第003版。

第五章　民法典与生态文明

良好的生态环境是人类生存、发展的基础。社会学家斯宾塞曾言："一个人的身体可能完全不会受到其同胞之行为的伤害，其行动也可能完全不会受到其他人的妨碍。可是，隔断他与其生活所依赖的自然环境之间的联系，却可能是在阻止其采取维持生命所必需的行动。"①自中国特色社会主义进入新时代以来，我国社会主要矛盾已经转化为人民日益增长的美好生活需要和不平衡不充分的发展之间的矛盾。在生态文明领域，这一矛盾具体表现为人民群众对美好生态环境的需要与生态环境保护和治理不平衡不充分之间的矛盾。②在今后相当长的一段时期内，生态文明建设在我国的国家治理体系和社会主义现代化建设事

---

① ［英］赫伯特·斯宾塞：《论正义》，周国兴译，商务印书馆2017年版，第86页。

② 参见吕忠梅：《〈民法典〉"绿色规则"的环境法透视》，《法学杂志》2020年第10期，第2页。

业中都处于极为重要的地位。

建设生态文明，必须建立起系统完整的生态文明制度体系。这一制度体系的核心，无疑是健全的生态环境保护制度。党的十九大报告明确提出要“实行最严格的生态环境保护制度，形成绿色发展方式和生活方式”。过去，虽然我们能够认识到制度对于生态环境保护的重要性，但我们对生态环境保护制度的具体构成并不十分清楚。不少人认为生态环境保护主要是公法问题，与其他法律部门并无关联。现今人们已经逐渐认识到，除了环境法、刑法等公法之外，作为私法的民法与生态环境保护也具有密切关联。要想从根本上解决生态环境问题，民法的作用不可或缺。正是基于这一认识，当前我国的民事立法逐渐出现了“绿色化”或“生态化”趋势。继《中华人民共和国民法总则》第九条将“民事主体从事民事活动，应当有利于节约资源、保护生态环境”这一“绿色原则”确立为民法的基本原则之后，2020 年通过的《民法典》在物权编、合同编和侵权责任编都直接规定了相应的绿色条款，从而建立起了生态环境保护的民法规则体系。

民法典虽然通过绿色条款确立了生态环境保护的民法规则体系，但绿色条款要想真正成为“内化于心，外化于行”的制度，尚面临不少困难。首先，很多人认为民法典规定绿色条款并无必要，甚至有违民法的本质和逻辑体系。这就需要对民法典与生态文明的内在关联进行深入阐释，从法理层面揭示民法典规定绿色条款的必要性、正当性，为绿色条款正名。其次，很多人认为绿色条款仅具有价值宣示功能，所起的作用极为有限。这就需要对绿色条款的意义进行深刻解读，看看绿色条款对生态文明建设有着怎样的现实意义。最后，尽管绿色条款使民法典有了较强的生态文明促进功能，但多数绿色条款规定得较为简洁，要想起到预期作用，还需要不断进行制度的配套、补充、细化，以及在学理层面和实践层面进行研究、探索。因此，本章拟就民法典的生态化、民法典与生态文明的内在关联、民法典对生态文明建设的意义，以及民法典促进生态文明的路径进行系统分析。

第一节　民法典的生态化

民法典的生态化，主要涉及人与自然的关系，应当从人与自然的关系的角度来理解。人与自然之间的关系是一个古老而常新的哲学话题。唯物主义辩证法认为，人与自然之间是辩证统一的关系。一方面，人类是自然界的一部分，是在漫长的历史发展过程中演化而来的。正如马克思所指出的那样："人本身是自然界的产物，是在自己所处的环境中并且和这个环境一起发展起来的。"①恩格斯在《自然辩证法》中也阐述了人类社会与自然界之间的辩证关系。在恩格斯看来，人是自然界的产物，自然界是人类生存和发展的基础；人具有主观能动性，可以认识自然和改造自然为人类所用；人类应当把握自然规律，顺应自然规律，实现人与自然的和谐相处。②诚如有的学者所言，"人与自然之间的关系是人类社会最基本的关系，是理解

① 《马克思恩格斯全集》第 26 卷，人民出版社 2015 年版，第 38—39 页。
② 《马克思恩格斯文集》第 9 卷，人民出版社 2009 年版，第 399、563 页。

人类社会文明历史演进的一把钥匙”①。

人与自然之间的关系自从人类社会产生之初就已经形成了。在原始社会，生产力发展水平很低，人们的生产工具和生产技术比较落后，人们改造自然和利用自然的能力十分低下。人类在神秘的自然界面前处于被动地位。很多时候，人类在自然灾害面前束手无策，人类不是征服自然，而更多的是顺从自然、适应自然，抑或祈求自然界的神灵庇护以达到控制自然和利用自然的目的。所以，在蒙昧的原始社会早期，人类对自然的影响十分有限。不过，到了原始社会后期，随着三次社会大分工的出现，原始社会生产力发展水平得到较大提高，人类改造自然、利用自然的能力大大增强。在奴隶社会和封建社会，随着生产力发展水平的提高，人类改造自然和利用自然的能力大大提高，人类开始逐渐由大自然的臣仆转变为大自然的主人。

人类对自然的初步改造和利用形成了古代社会的农耕文明。人类在一定程度和范围内对自然进行利用和改造，只是形成了局部和个别的生态环境问题。到了资本主义社会，尤其是工业革命以后，人类社会进入了工业文明时期。蒸汽机的发明，生产技术的进步，大大提高了人类征服自然的能力。人类社会进入了对大自然的征服期。大量的森林被砍伐，大片的土地被开垦，大量的资源被开发，大量的河流被污染。这一时期，在人类中心主义发展观的指导下，人类被看作自然界的主人，一切资源都被看作服务于人类的客体，生态环境遭受严重

---

① 叶海涛：《人与自然关系的哲学反思》，《学习时报》2020 年 4 月 27 日第 002 版。

污染和巨大破坏。20 世纪 70 年代，联合国在瑞典首都斯德哥尔摩召开了第一次人类与环境会议，通过了《人类环境宣言》，逐渐形成了可持续发展思想。所谓可持续发展是指既满足当代人经济和社会发展的需求，又不对后代人的生产和发展形成威胁。伴随着可持续发展理念在各个国家法律与政策中的贯彻和执行，人类社会开始进入生态文明时代。如果把农业文明比作黄色文明，把工业文明看作黑色文明，那么生态文明则是典型的绿色文明。

胡锦涛在党的十七大报告中指出，建设社会主义和谐社会必须建设符合社会发展要求的文明形态，生态文明是践行科学发展观的要义，是建设社会主义和谐社会的基础。党的十八大以来，生态文明建设进入新阶段，以习近平同志为核心的党中央高度重视社会主义生态文明建设，坚持把生态文明建设作为统筹推进“五位一体”总体布局和协调推进“四个全面”战略布局的重要内容。2013 年 4 月 10 日，习近平在海南考察工作结束时发表重要讲话，他强调：“建设生态文明，关系人民福祉，关乎民族未来。”党的十九大报告指出，人与自然是生命共同体，人类必须尊重自然、顺应自然、保护自然，建设生态文明是中华民族永续发展的千年大计。2018 年 3 月 11 日通过的《中华人民共和国宪法修正案》则把生态文明作为中国特色社会主义事业的五大文明之一，同时确立了建设富强民主文明和谐美丽的社会主义现代化强国的奋斗目标。

由此可见，生态文明思想不仅体现在党的政策、方针、路线中，而且贯穿于以宪法为核心的整个中国特色社会主义法律体系。尽管民法典以保护民事主体的民事权利和财产权利为核心，以当事人意思自治为宗旨，把“自由”作为民法典所展现的核心价值之一，[①]但为了应对环境保护的需要，民法典需要在一定程度上修正其传统。[②]民事主体在行使自己的民事权利时，应当遵循生态文明建设和可持续发展的基本理念。《民法典》作为21世纪第一部世界性的民法典，顺应了当今世界生态文明发展的历史趋势，顺应生态中国、美丽中国的时代之需，确立了绿色原则，实现了民事法律规范和民事法律制度的生态化改造，实现了民法典的生态化和绿色化。如果民法典要“体现21世纪的时代精神和时代特征”[③]，那么，生态文明与绿色可持续发展一定是民法典重要的组成元素。[④]民法典的生态化改造必然能够进一步缓解经济发展与生态环境保护之间的矛盾，实现人与自然的和谐相处。民法典的生态化改造主要体现在以下四个方面：

第一，民法典把“资源节约与环境保护”规定为“显性”的民法基本原则。《民法典》第九条规定：“民事主体从事民事活动，应当有利于节约资源、保护生态环境。”对于该条的规定，无论是传统民法学者还是环境法学者，都认为这是民法典对新时代人民群众对美好生态环境向往的一种回应，属于民法典所规定的基本法律原则范畴。不过学者对该基本原则的界定

---

① 谢鸿飞：《中国民法典的生活世界、价值体系与立法表达》，《清华法学》2014年第6期，第24页。

② 吕忠梅、窦海阳：《民法典“绿色化”与环境法典的调适》，《中外法学》2018年第4期，第862页。

③ 王利明：《我们需要什么样的民法典》，《中国报道》2015年第1期，第34页。

④ 吕忠梅课题组：《“绿色原则”在民法典中的贯彻论纲》，《中国法学》2018年第1期，第6页。

则众说纷纭。吕忠梅教授把该基本原则界定为“绿色原则”①，陈甦、龙卫球、刘保玉等三位教授则把该原则界定为“生态环境保护原则”②，李永军教授则概括为“绿色环保原则”③。还有一些其他学者对该法律原则给出了其他不同的称谓界定。笔者认为，《民法典》第九条的多元解读和不同的称谓界定对于该民法基本原则的贯彻和适用是不利的，不同的学术场域、不同的学者之间难以形成统一的对话体系。民法基本原则可以分为隐性基本原则和显性基本原则。所谓隐性基本原则是指没有在法律条文中进行明确规定，但是暗含在法律条文或者法律规则内部，具有统率性的基本原理性准则；所谓显性基本原则则是指通过法律条文进行明确规定的方式予以体现的法律基本原则。有的学者认为，由隐性基本原则向显性基本原则过渡体现了民法典新时代的“与时俱进”的本质。④《民法典》第九条对民法基本原则的规定很明显属于显性基本法律原则。这是因为，对显性基本法律原则的名称或者概念的界定应当尊重法律的条文规定，对法律条文直接进行字面解释，这更符合立法者的立法本意，也更容易形成学界统一对话的学术话语。根据《民法典》第九条的规定，笔者认为界定为资源节约与环境保

---

① 吕忠梅、窦海阳：《民法典“绿色化”与环境法典的调适》，《中外法学》2018 年第 4 期，第 864 页。

② 陈□主编：《民法总则评注》，法律出版社 2017 年版，第 67 页；龙卫球、刘保玉主编：《中华人民共和国民法总则释义与适用指导》，中国法制出版社 2017 年版，第 31 页。

③ 李永军主编：《中华人民共和国民法总则精释与适用》，中国民主法制出版社 2017 年版，第 23 页。

④ 吕忠梅课题组：《“绿色原则”在民法典中的贯彻论纲》，《中国法学》2018 年第 1 期，第 11 页。

护原则更为妥当。

资源节约与环境保护原则作为民法典的基本原则，是整个民法典的思想和灵魂，是民事法律制度设立的基本精神和价值归宿，也是民法典分则具体民事法律制度生态化的重要依据。它是民法回应环境问题的有效机制，体现了中国民法典编纂所承载的历史使命。尽管资源节约与环境保护原则对民事法律关系主体以个人利益为中心的民事权利形成了某种约束和限制，但它平衡了个人利益与生态环境社会利益之间的矛盾冲突，平衡了经济发展与环境保护之间的矛盾冲突，平衡了交易安全与生态安全之间的矛盾冲突，平衡了代内公平与代际公平之间的矛盾冲突。因此，资源节约与环境保护原则作为限制性的民法基本原则是必需的，它突出了民法典所应当具备的社会公共属性，有利于实现人类社会的公共治理。

第二，《民法典》物权编实现了生态化改造。“所有权绝对”曾经是民法的三大帝王条款之一，很多环境问题的形成与民事权利主体对自己的所有物过度开发和利用、过度排放污染物有着十分紧密的联系。随着生态文明理念的逐步发展，规范物的所有与利用关系的物权法也应当接受生态化的检视。正如王利明教授所指出的那样：“物权法律制度与环境法律制度的融合以及在物权法中引入有关环境保护的规则是现代物权法的重要发展趋势。”①《物权法》第一条规定：“为了维护国家基本经济制度，维护社会主义市场经济秩序，明确物的归属，发挥物的效用，保护权利人的物权，根据宪法，制定本法。”《民

① 王利明：《物权法与环境保护》，《河南省政法管理干部学院学报》2008 年第 4 期，第 9 页。

法典》第二百零五条规定："本编调整因物的归属和利用产生的民事关系。"无论是《物权法》对物权法立法目的的规定，还是《民法典》对物权编调整对象的规定，都表明一个共同的意思，即物权法的基本价值应当是促进物的效能最大限度地发挥，满足民事法律关系主体对物的占有、使用、收益和处分的主观诉求。诚然，所有权人对其享有所有权的物享有完全的支配权，但是，物权权利主体在行使自己所享有的权利时，不能损害国家的、集体的、社会的和他人的权利。为了避免物权权利主体在行使自己权利的过程中造成对他人及公共环境权益的侵害，《民法典》物权编实现了部分法律规则的生态化改造。物权编第五章对国家所有权和集体所有权的规定，明确了矿藏、水流、海域，无居民海岛，城市的土地，森林、山岭、草原、荒地、滩涂等自然资源，野生动植物资源，无线电频谱资源等的国家所有权，明确了农村集体所有的不动产和动产。物权编对自然资源等公共物品的产权的主体进行界定，可以实现自然资源的优化配置，提高自然资源利用效率，防止因自然资源滥用而造成的自然资源破坏，体现了物权法律规则的生态化和"绿色性"。①

此外，物权编第七章中相邻关系的法律规定也体现了物权法律规则的生态化。石佳友教授认为，相邻关系大约是最能凸显民法和环境法内在联系的制度领域。②对于因相邻关系所造成的环境侵害，美国制度经济学的杰出代表科斯曾经在《社会

---

① 单平基：《"绿色原则"对〈民法典〉"物权编"的辐射效应》，《苏州大学学报》(哲学社会科学版)2018 年第 6 期，第 92 页。

② 石佳友：《物权法中环境保护之考量》，《法学》2008 年第 3 期，第 88 页。

成本问题》中进行了经典阐释。科斯认为，权利具有相互性的特点，[①]侵权行为在本质上是人们权利的冲突，是权利交互性的具体体现。他通过某工厂排放的烟尘给邻近的财产所有者带来了有害影响的例子，分析了纠纷解决的选择方法。只不过，科斯从“产值最大化”的逻辑起点出发，从经济角度审视法律问题，用经济推理代替了法律推理，得出了不同于传统法律人的纠纷解决途径。尽管科斯的相邻冲突解决路径提供了理解权利冲突或外部损害的新范式，但经济逻辑无法完全取代法律逻辑，法律问题的解决最终仍然要回到法律的世界。物权编第二百九十三条、第二百九十四条、第二百九十五条和第二百九十六条通过一系列禁止性法律规则的设定，厘清了相邻关系中民事法律关系主体的行为禁区。这些规定不但有利于相邻关系主体之间形成和谐友好的社会关系，而且可以保障人们采光权、通风权、日照权、安宁权、清洁水源权等相邻环境权的实现。

第三，在《民法典》合同编中实现了生态化改造。合同是民事主体之间设立、变更、终止民事法律关系的协议。契约自由、意思自治应当是合同法律关系最核心、最本质的特征。以合同当事人之间意思自治为价值本位的合同私法规范能否容纳抑或附加生态环境保护的公法义务，成为《民法典》合同编制定过程中争议的焦点之一。环境法学者对合同编贯彻绿色原则，实现合同法律制度的生态化具有较大的关注，他们对合同法生态化寄予较大的希冀，提出应当制定充分贯彻绿色原则的

① 喻中：《科斯的法律经济学思想述论——读〈企业、市场与法律〉》，《政法论坛》2014年第3期，第164页。

合同编。[1]刘长兴副教授也曾在阐述《民法典》合同编绿色化的突破方向的基础上，提出了合同法律制度绿色化的基本方式与路径。[2]而民法学者则坚持相对保守的态度，他们认为即便在合同编贯彻绿色原则，也难以实现生态环境保护的目的，反而会影响合同法效用的发挥。在贺剑教授看来，合同编中的绿色原则影响债务履行、影响债务发生、影响合同效力，最终环境保护会面对“有心栽花花不开”的尴尬情形。[3]尽管环境法学者和民法学者在《民法典》合同编的绿色原则贯彻和执行上存在意见分歧，但对私权进行必要的限制以使民事主体承担一定社会责任的社会发展趋势，促成了《民法典》合同编的生态化改造。《民法典》合同编设置了第五百零九条、第五百五十八条、第六百一十九条和第六百二十五条等四个与生态环境保护相关的法律条文，明确了履行合同过程中避免资源浪费、环境污染和生态破坏的法律义务，规定了采取保护生态环境的包装方式的法律义务和旧物回收的法律义务。上述四个法律条款贯彻了《民法典》总则部分的资源节约与环境保护基本法律原则，为合同编注入了绿色因素，明确了合同缔结、履行过程中的生态环境保护义务，回应了生态文明时代的合同法的环境保护需求。

第四，在《民法典》侵权责任编中实现了生态化改造。吕

---

① 吕忠梅课题组：《“绿色原则”在民法典中的贯彻论纲》，《中国法学》2018 年第 1 期，第 19 页。

② 刘长兴：《论“绿色原则”在民法典合同编的实现》，《法律科学》（西北政法大学学报）2018 年第 6 期，第 133—134 页。

③ 贺剑：《绿色原则与法经济学》，《中国法学》2019 年第 2 期，第 115—116 页。

忠梅教授认为，侵权法是民法回应环境问题最早的领域。①环境侵权是民事侵权的重要组成部分，但环境侵权往往又不同于一般的民事侵权行为。环境侵权行为除了给相应的民事权利主体的人身和财产造成一定的损害以外，往往还具有一定的正当性，环境侵权往往是民事主体生产行为或者经营行为的外部性的重要体现。环境侵权行为正当性与侵权性的双重属性往往导致侵权责任的追究和承担具有一定的复杂性。此外，环境侵权所造成的损害往往又具有不可逆性，具有不可恢复性。因此，在侵权责任编贯彻总则所确定的资源节约与环境保护基本法律原则，实现侵权责任法律制度的生态化具有重要意义。

相对于《中华人民共和国侵权责任法》第八章对环境污染责任的规定，《民法典》侵权责任编第七章发生了重大变化。首先，章标题由原来的“环境污染责任”修改为“环境污染和生态破坏责任”，把生态破坏的侵权责任也纳入了《民法典》的侵权责任编的调整范畴，扩大了环境侵权的外延，并在第一千二百二十九条对环境污染侵权行为和生态破坏侵权行为进行了并列规定，将过去单一的环境污染行为扩展为环境污染和生态破坏紧密相连的生态环境侵权行为。其次，把侵权行为的主体由“污染者”修改为“行为人”或者“侵权人”，扩大了环境侵权行为人的范围。再次，增加了惩罚性赔偿的法律责任。在环境侵权法律责任中，对于侵权行为人主观方面存在故意，客观方面造成了严重损害后果的，被侵权人可以请求惩罚性赔偿。惩罚性赔偿是与填补性赔偿相对应的一种赔偿制度，具有

① 吕忠梅：《〈民法典〉“绿色规则”的环境法透视》，《法学杂志》2020 年第 10 期，第 8 页。

惩罚性、威慑性、阻吓性的特点，①进一步彰显了立法者对生态文明思想在环境侵权法中的贯彻的重视，也体现了国家打击故意的生态环境侵权行为的决心。最后，增加了国家规定的机关或者法律规定的组织提起环境保护公益诉讼，追究侵权行为人的法律责任的职责。《民法典》侵权责任编第七章的规定，一共七个法律条文，但“生态”一词出现的频率高达 13 次之多。这些法律条文为生态环境损害提供了侵权救济的法律依据，也为遏制环境侵权行为的发生和保障被侵权人的法律权益筑起了坚实后盾。

总之，诞生于 21 世纪生态文明时代的《民法典》，彰显了时代特色，堪称一部“生态民法典”或“绿色民法典”。不仅《民法典》总则规定了资源节约与环境保护基本法律原则，而且这个基本原则贯穿于整个民法典的始终，实现了《民法典》物权编、合同编、侵权责任编的生态化。新时代的《民法典》同时具备保障民事法律关系主体民事权利和保护生态环境的双重功能，不但促进了人与人之间、人与社会之间关系和谐，而且协调了人与环境、人与自然之间的冲突关系，实现了人与自然之间的和谐相处，体现了民法典的生态化、绿色化。

---

① 陈学敏：《环境侵权损害惩罚性赔偿制度的规制——基于〈民法典〉第一千二百三十二条的省思》，《中国政法大学学报》2020 年第 6 期，第 57—58 页。

第二节　民法典与生态文明的内在关联

《民法典》之所以规定绿色条款，是因为《民法典》与生态文明之间具有密切关联。这种关联性主要表现在如下三个方面：其一，生态环境问题本身具有民法属性；其二，民法在生态环境保护方面具有公法所不具备的独特功能；其三，生态环境保护的现状呼唤“绿色民法典”。正是这种关联性构成了《民法典》规定绿色条款的法理基础或内在原因。

一、生态环境问题具有民法属性

从环境问题的发生机理、产生源头来说，环境问题其实在很大程度上根源于民事社会生活。不少环境问题都是民事主体在各种民事活动（例如生产经营活动、日常消费行为、交通出行等）中产生的，具有极强的民法属性。以 20 世纪世界十大公害事件以及我国近年来十大环境污染事件为例，①其中多数公害都属于生态环境领域的巨大灾难性事件。单从现象层面来说，这些公害事件大多属于因化学、冶炼、汽车等现代工业的兴起和发展，工业“三废”排放量不断增加而导致的环境污染和生态破坏事件。但究其实质，这些生态环境领域的巨大灾难性事件，除了核泄漏等事件系由于管理不善和操作失误导致外，几乎都与民众、工厂企业的各种民事活动排放的有毒有害气体或物质有关。正因为环境污染、生态破坏等现象与民事活动具有密切关联，决定了调整民事关系、规制民事生活的《民法典》不能对生态环境问题置之不理，而是有必要规定生态环境保护方面的法律条款，通过规定民事主体在生态环境保护方面的法律义务，以及应当遵循的行为准则，对生态环境保护有所作为。《民法典》规定绿色条款，正是为了给民事活动确立“绿色”规范，为直接从源头上控制环境污染和生态破坏活动提供民法依据。②

长期以来，受制于部门法的划分方式，人们倾向于认为生

① 20 世纪世界十大公害事件分别为：比利时的马斯河谷烟雾事件（1930 年）、美国洛杉矶光化学烟雾事件（1943 年）、美国多诺拉烟雾事件（1948 年）、伦敦烟雾事件（1952 年）、日本熊本水俣病事件（1953—1956 年）、日本富山骨痛病事件（1955—1972 年）、日本米糠油事件（1968 年）、印度博帕尔事件（1984 年）、切尔诺贝利核泄漏事件（1986 年）、瑞士巴塞尔剧毒物污染莱茵河事件（1986 年）。我国近年来十大环境污染事件分别为：松花江重大水污染事件（2005 年）、河北白洋淀死鱼事件（2006 年）、太湖水污染事件（2007 年）、巢湖和滇池蓝藻暴发事件（2007 年）、云南阳宗海砷污染事件（2008 年）、湖南浏阳镉污染事件（2009 年）、福建紫金矿业溃坝事件（2010 年）、大连新港原油泄漏事件（2010 年）、云南曲靖铬渣污染事件（2011 年）、广西龙江镉污染事件（2012 年）。

② 参见吕忠梅：《〈民法典〉“绿色规则”的环境法透视》，《法学杂志》2020 年第 10 期。

态环境问题属于公法方面的问题，只与具有公法属性的环境法、刑法有关，与民商法这样的私法并无关联。很多人认为，私法（特别是民法），作为调整平等主体之间的人身关系和财产关系的法律部门，并不应当负责调整与生态环境有关的社会关系，亦不应当负责解决生态环境问题。只有环境法才应当担当这一任务。除非民事主体因环境污染和生态破坏受到民事权利（人身权和财产权）的损害，才能纳入民法的调整范围，由侵权法进行调整。但这种观点存在明显漏洞。马克斯·韦伯曾指出，当法律事件发生于法律意义上“同位格的”（即彼此属于平等主体的）多数当事人相互对立的情况下时，即属于“私法的”法律事件。当拥有权威性命令权的优势权力保有者，与在法律意义下“服从于”他的人发生对峙时，即属“公法的”范畴。①依此观点，环境污染和生态破坏这类既违反国家的社会管理秩序，也涉及他人生存发展权益、人身财产权益的生态环境问题，实际上兼有公法和私法的双重属性，而不是纯粹的公法问题。

以生态破坏为例。生态破坏通常源于民事主体对于森林、土地、矿产、水域等自然资源不合理的开采、利用。这类行为，如果构成刑法上的破坏环境资源保护罪（如破坏性采矿罪、滥伐林木罪），当然属于公法问题。但是，行为人对森林、土地、矿产、水域等自然资源进行开采、利用，只要是通过合法渠道取得的开采权、使用权，其开采、使用在本质上其实是一种民事行为。一方面，对自然资源的开采权、使用权，本身

---

① 参见［德］马克斯·韦伯：《法律社会学 非正当性的支配》，康乐、简惠美译，广西师范大学出版社 2011 年版，第 5 页。

是一种民事权利（用益物权或准物权），而非公法上的权利。取得开采权、使用权，需要遵守民法关于国家所有权、集体所有权的规定以及民法关于用益物权、准物权的设立方式、行使规则的规定。另一方面，行使开采权、使用权，开采、使用自然资源，可能会产生侵权行为（如侵犯国家所有权、集体所有权），还可能构成权利滥用（如违反土地使用用途）。此类问题同样需要由民法予以解决。这足以说明，生态破坏行为在具有公法属性的同时，也具有民法属性或私法属性，需要由民法予以调整、规制。

再以环境污染为例。环境污染主要与企业排放的“三废”有关。企业在工业生产中会产生废水、废气和固体废弃物（废渣），此类排污行为需要遵守《环境保护法》《大气污染防治法》《水污染防治法》《土壤污染防治法》等具有环境法性质的法律法规在污染预防和环境保护措施、排放要求、排污许可、环境影响评价、污染事故处置等方面的强制性、禁止性规定，接受生态环境主管部门的管理、监督，并在违反法律规定时承担相应的法律责任。这些的确属于公法问题。因为，其中涉及公权力（国家的环境管理权）的运作，体现的是一种隶属关系或者说权力—服从关系。但是，如果从社会关系的角度来看，企业的排污行为又不是纯粹的公法问题，而是具有强烈的私法属性。因为，生产经营活动中的排污行为，在民法理论上是一种抛弃物品所有权的单方法律行为。其原理在于：废水、废气和废渣，既然是在企业生产行为中产生的，作为一种有体物，当然应当由相应的企业享有所有权。企业排污，实际上是在处分自己享有所有权的某种标的物。这种法律行为，作为一种法律事实，一方面会使企业丧失对排污对象的所有权，另一方面有可能会产生相应的民事法律关系。比如，因排污导致环境污染和生态破坏，可能会侵犯不特定多数民事主体的人身、财产权益。因而，此类排污行为实则具有相当程度的私法意义，需要由民法予以调整、规制。

必须承认，生态环境问题尽管根源于民事活动，具有民法属性，但传统民法对生态环境问题并没有予以足够重视。这或许是生态环境恶化的一个重要原因。①为了弥补这一缺陷，《民法典》规定绿色条款，极为必要。

二、民法在生态环境保护方面具有独特功能

在生态环境保护及生态治理方面，我国长期以来主要采取的是公法手段，并形成了以公法手段为主的预防、保护、治理体制。这种以公法手段为主的体制机制，具有如下特点：在运作方式上，这一体制主要通过赋予行政机关以环境事务管理权或执法权，以及对市场主体规定相应的公法性质的环境保护义务来进行运作。因而可以理解为一种政府主导的行政管制模式。在这种管制型的治理模式中，政府对环境质量直接负责，通过公权行使、政府干预、执法监督、行政许可、行政处罚等手段对生态环境进行保护及治理。其实质是借助于行政执法机制自上而下地保护、治理生态环境。在动力来源上，这一体制主要借助于各种行政的、刑事的制裁手段或法律责任，特别是罚款、拘留、责令停业、责令改正、停产整治等行政处罚，迫

① 对此，吕忠梅教授曾予以详细论证。参见吕忠梅：《中国民法典的“绿色”需求及功能实现》，《法律科学》（西北政法大学学报）2018 年第 6 期，第 108—109 页；吕忠梅：《中华传统智慧铸就绿色民法典》，《中国社会科学报》2020 年 8 月 12 日第 008 版。

使企业事业单位和其他生产经营者履行环境保护义务。在行政管制模式之外，又具有明显的“惩罚型”管制模式之特色。①

以公法手段保护、治理生态环境，确有其必要性、合理性。一者，生态环境不同于一般的私人物品，而是一种公共物品。它在使用、消费上不具有排他性、非竞争性。环境资源的这种特性会引起所谓的“搭便车”问题。②在利益最大化的驱使下，绝大多数市场主体都会将经济利益（个人利益）置于生态环境利益（公共利益）之上，使自己不为环境保护付费，或者将这种成本降至最低。正因如此，试图指望每一个市场主体自发、自觉地履行环境保护义务，几乎是不可能的。这决定了在环境保护问题上需要有集体行动、公法机制。对国家治理者来说，最现实可行的办法就是制定种种具有公法性质的环境法，赋予政府环境事务管理权，由政府来组织环境保护行动。通过使政府承担环境管理职责，利用公法手段、行政权力来保护、治理生态环境，维护公共利益。再者，公法在生态环境保护及生态治理方面具有直接针对性、强制命令性和简便性，它能够在环境资源的分配和使用、环境行为的行为规则之确立、环境事务的监督管理、环境的改善和修复、公害或重大环境事件的防治、不法环境行为的制裁等方面起到立竿见影的效果。这是其他法律手段很难替代的。

与此同时，公法手段在保护生态环境方面也存在明显的局

① 参见叶熙昊：《绿色原则的司法适用：裁判概览、误读与澄清》，《现代法治研究》2020 年第 1 期，第 54 页。

② 参见吕忠梅：《环境法新视野》，中国政法大学出版社 2019 年版，第 78—79 页；李嵩誉：《环境保护责任共担的法治进路——对破解环境保护“搭便车”难题的思考》，《现代法学》2020 年第 5 期，第 124 页。

限性。一方面，公法是靠一定的行政机制来实现的，行政机关由于种种原因可能产生“政府失灵”。实践中，出于发展经济、职务晋升、财政负担等因素的考虑，一些地方政府及其行政长官，很可能为了地方利益、长官利益而不积极履行法定的环境保护及生态治理职责，对企业等市场主体污染环境和破坏生态的违法行为疏于监管甚至放任不管。①另一方面，公法虽然具有强制命令性、简便性的优点，并以公法责任这种伴有国家强制力的责任作为后盾，但它塑造了一种管理者与被管理者之间的对立关系，难以充分发挥行政相对人（市场主体）在生态环境保护方面的主动性、积极性和创造性。②其理由在于，在这种管理者与被管理者的对立关系中，被管理者（市场主体）往往抱有不被管理者（政府）查处不法行为的侥幸心理，容易忽视自身行为对社会的不利影响，因而并无履行法定的环境保护义务的积极性、主动性。

相比之下，作为私法的民法，在生态环境保护方面具有如下独特功能和优越性：（1）民法作为调整平等主体之间的法律关系的法律，通过在民事法律关系的语境下规定环境保护义务，可以使民事主体对环境保护义务形成正确、理性的认识，即承担环境保护义务绝非迫于行政处罚的外在压力必须承担的某种负担，而是民事主体在民事活动中理应具备的最起码的行

---

① 张宝的研究表明，在现行的注重经济政绩的政治晋升考核激励体系以及分税制财政导致的财政约束之下，极有可能导致地方政府监管动力不足、能力不足，从而对环境保护监管不力。参见张宝：《环境规制的法律构造》，北京大学出版社 2018 年版，第 137—138 页。

② 参见吕忠梅：《沟通与协调之途：论公民环境权的民法保护》，中国人民大学出版社 2005 年版，第 70 页；吕忠梅：《环境法新视野》，中国政法大学出版社 2019 年版，第 93—94 页。

为操守。（2）民法作为权利保障法、权利救济法，通过赋予民事主体在环境污染、生态破坏方面的损害赔偿请求权，可以对污染环境、破坏生态的行为人形成无形的压力，使其出于成本和收益的考虑自觉履行环境保护义务，遵守环境保护法律规范。可以想象，由于权利意识的张扬，也由于可能提出损害赔偿的主体系不特定的多数人（且这些人如受损害，必然会积极主张权利），实施环境污染、生态破坏的行为人不可能不考虑相关的侵权损害赔偿成本。如果民众的此类损害赔偿请求权能够得到充分支持，民法实际上能够建立一种保护环境的“全民皆兵”机制，调动广大民众积极主动参与环境治理，与污染环境、破坏生态的行为做斗争。①（3）相比于环境法等公法着重调整情节、后果较为严重，具有处罚或制裁必要性的行为，②因而不可避免地存在“抓大放小”的缺陷，民法作为调整民事主体日常民事生活的法律，能够将环境保护观念和环境保护义务落实到广泛的民事活动中，收到防微杜渐的规制效果。在私法的视野下，即使是“小污小染”的行为，亦将受到否定性评价，这显然更有利于生态环境的保护。（4）在法律的执行成本方面，环境法、刑法等公法的执行成本通常较高，这种成本通

① 英国学者马克·韦尔德认为，在环境领域，侵权法的潜在优势在于它为私人的个人和团体参与环境标准的实施提供了一种手段。因为，在监管机构选择不采取行动的情况下，受到污染影响的个体可能会主动追究此事。其结果是，除了监管处罚之外，一个污染事件可能会引起大量的民事赔偿责任。在这个意义上，侵权法可以推进环境法的实施。参见［英］马克·韦尔德：《环境损害的民事责任：欧洲和美国法律与政策比较》，张一心、吴婧译，商务印书馆2017年版，第14、371页。

② 此类行为主要有：未取得排污许可证排放污染物、排放污染物超过污染物排放标准、未依法进行环境影响评价、未按照规定安装污染物排放自动监测设备、未采用清洁生产工艺或配套装置，等等。

常需要由国家来承担。而民法通过法律原则宣示、价值观引领、行为规范建构，可以使人民群众自愿承担起生态环境保护的成本，或者说将生态环境保护的成本分给社会公众承担，这显然更为合理、经济。

在我国现行法上，《环境保护法》《大气污染防治法》《水污染防治法》等具有环境法性质的法律法规，以及《刑法》上的“破坏环境资源保护罪”，作为体系化的公法规范，虽然规定了一切单位和个人的环境保护义务，形成了较为完善的环境管理体制，可以为政府履行环境保护职责，对污染、破坏生态环境和自然资源的行为进行处罚、制裁提供法律依据，但它们在调整方法、作用机理等方面均存在一定局限性，不可能从根本上约束民众在生产生活中的各种可能影响环境的行为。而作为市场经济的基本法和市民社会的基本法的民法，因其具有私法自治引导功能、价值理念宣示和维护功能、行为准则和裁判规范功能、权利保障和权利限制功能，恰恰有助于促使人民群众形成绿色、低碳、节俭的生产生活方式，从而理应成为生态环境保护制度中的关键一环。对此，也可以理解为：正是由于公法手段在生态环境保护方面存在局限性，而民法在生态环境保护方面具有独特的功能和优越性，所以生态环境保护必须引入民法的机制和手段。《民法典》规定绿色条款，正是为了弥补公法手段之不足，实现对生态环境保护的综合调控。一言以蔽之，公法调整、政府管制，无论如何不应成为解决生态问题的路径依赖。①

---

① 参见叶熙昊：《绿色原则的司法适用：裁判概览、误读与澄清》，《现代法治研究》2020 年第 1 期，第 54 页。

三、生态环境保护呼唤绿色民法典

当前，我们正处在一个生态环境状况堪忧的时代，环境污染、生态破坏等现象屡禁不止，已经严重威胁到人民群众的健康及生存发展权益。在此种情况下，民法已经具有与时俱进的必要。其必须负担起维护生态文明、保护生态环境的职责，为塑造绿色的生产生活方式，建设资源节约型、环境友好型社会提供制度依据，满足人民群众对美好生活环境的需要。这可以说是《民法典》规定绿色条款的现实原因。

"绿色民法典"并不是一个新词，它指的是在《民法典》中体现生态保护主义的理念，解决人与资源之间的紧张关系。①众所周知，民法以私法自治为核心。实现私法自治的手段则是法律行为自由。民法正是通过赋予民事主体在法律行为方面的自由（如合同自由、遗嘱自由、婚姻自由等），达到私法自治的目的。在这种民法理念下，民法最基本的逻辑构造为：民事主体通过民事法律行为，产生各种民事法律关系，享有各种民事权利，承担各种民事义务。显然，在民法的这套逻辑构造之下，民事权利（包括人身权和财产权）的实现和保障，才是法律的中心任务。生态环境问题，除非与民事权利的实现和保障相关，民法是可以一概不受理的。其导致的结果是，传统的以所有权为核心的财产权理论和制度，以及传统的以保障绝对意思自治和契约自由为理念的合同制度，均不利于生态环境保

---

① 参见徐国栋：《认真透析〈绿色民法典草案〉中的"绿"》，《法商研究》2003 年第 6 期，第 7 页。

护，或者说缺乏生态环境保护功能。①

然而，不受限制或者说限制极小的法律行为自由，带来了诸多极端的负面问题。其中最为显著的是当代环境问题日益突出，已经严重影响到人民群众的生命健康和经济社会可持续发展。②从某种意义上说，传统民法的内在缺陷正是导致现代社会中的生态环境危机的制度根源之一。③生态环境问题的紧迫性，迫切要求改变对民事主体的民事行为的自由放任态度，迫切要求民事主体承担环境保护义务，迫切要求民法具有更强的生态环境保护功能。《民法典》通过规定绿色条款，将环境保护义务植入民事行为之中，对民事主体的民事行为进行一定的约束、限制和引导，正是为了满足时代发展的需要，通过拓展、增强我国民法在生态环境保护方面的社会功能，使民事生活朝着有利于生态环境保护的方向发展。

《民法典》之所以需要具有生态环境保护功能，其实不仅与生态环境的恶化有关，还与民法自身的基本原则、价值理念有关。传统上，民法至少有两个基本原则与生态环境保护相

---

① 具体言之，所有权作为一种自物权，是主体依法对自己的所有物享受的权利，任何人无权对与其无关的财产提出权利要求。在这样的所有权理论下，公民是不可能针对他人行使所有权的行为提出环境保护要求的；按照意思自治和契约自由理念，当事人是否需要在交易活动中保护环境，是否采取污染或破坏环境的方式从事交易活动，都是当事人的自由，他人不得干涉。这自然不利于生态环境保护。参见吕忠梅：《沟通与协调之途：论公民环境权的民法保护》，中国人民大学出版社2005年版，第25页。

② 参见吕忠梅、窦海阳：《民法典“绿色化”与环境法典的调适》，《中外法学》2018年第4期，第863页。

③ 参见吕忠梅：《实施〈民法典〉绿色条款的几点思考》，《法律适用》2020年第23期，第11页。

关。第一个是公序良俗原则，第二个是禁止权利滥用原则。先看公序良俗原则。公序良俗原则指的是法律行为的内容及目的不得违反公共秩序和善良风俗。对于公共秩序，过去一般认为是指国家在政治、经济、财政、税收、金融、治安等方面的秩序，这些秩序通常关系到国家、社会的根本利益。但现今我们已无法否认，生态环境保护已成为一种重要的公共秩序。这是因为：一方面，良好的生态环境，本身就是国家、社会得以存在和发展所必要的一般性秩序；另一方面，在《环境保护法》等法律规定保护环境是国家的基本国策，一切单位和个人都有保护环境的义务的情况下，生态环境已经被纳入现行法的规制范畴。良好的生态环境，可以说是现行法预设的公共秩序。对于善良风俗，通常认为是指国家、社会之存在及其发展所必要的一般性道德。时至今日，我们已无法否认，环境道德已成为当今社会最重要的良俗之一。再来看禁止权利滥用原则。该原则本身是指一切民事权利之行使，都不得超过其正当界限。行使权利超过其正当界限，则构成权利滥用，应承担侵权责任或其他法律后果。很显然，禁止权利滥用与环境保护密切相关。这一法律原则所包含的不以损害他人财产之方式使用自己的财产、不允许没有补偿的损害行为等观念，对于环境保护十分有利。①然而，公序良俗原则和禁止权利滥用原则虽然与生态环境保护密切相关，可以用于对民事主体污染环境、破坏生态的行

① 参见吕忠梅：《沟通与协调之途：论公民环境权的民法保护》，中国人民大学出版社2005年版，第108、162页；吕忠梅：《论环境法的沟通与协调机制——以现代环境治理体系为视角》，《法学论坛》2020年第1期，第9页；梁慧星：《民法总论》（第五版），法律出版社2017年版，第51页；梁慧星：《梁慧星文选》，法律出版社2003年版，第376—377、382—384页。

为进行否定性评价，但由于它们只是抽象的法律原则，在没有全面、系统的法律规则对其进行具体化的背景下，这两个基本原则很难在生态环境保护方面发挥实际的作用。《民法典》通过规定一系列绿色条款，恰好能够弥补这一不足。

第三节　民法典对生态文明建设的意义

为了满足人民群众对优美生态环境的需要，必须大力推进生态文明建设，提供更多优质生态产品。①这种产品，当然应当包括法律、制度层面的产品。《民法典》在我国社会主义法律体系中具有极为重要的地位。在新的时代背景下制定《民法典》，理应担负起时代赋予的历史使命。就生态文明建设而言，这种使命具体应当包括两个方面：一方面，通过积极回应生态环境问题，满足人民群众对美好生活环境的向往和需要；另一方面，通过建立有利于贯彻绿色发展理念、有利于保护生态环境的法律制度，为完善、提升国家的生态环境治理体系和治理能力提供充分的制度依据。《民法典》规定绿色条款，正是为了给生态文明建设提供制度产品，实现自身对于国家和人民所负的时代使命。就制度价值来说，《民法典》的绿色条款，对生态文明建设具有多个方面的意义。这种意义主要表现

① 参见习近平：《习近平谈治国理政》（第三卷），外文出版社 2020 年版，第 360 页。

在绿色条款能够为生态环境治理提供私法依据，能够培育民事主体的生态意识和生态习惯，能够有效地保护民事主体的环境权益等三个方面。

一、绿色条款能够为生态环境治理提供私法依据

就生态治理而言，完善的生态环境保护制度，既应当包括公法方面的制度，也应当包括私法方面的制度。《民法典》规定绿色条款，正是在从私法方面建构完善的生态环境保护制度。有人会提出，为国家的生态环境治理提供制度依据，应当主要是环境法等公法的任务，《民法典》作为调整平等民事主体之间法律关系的私法，与国家的生态环境治理并无多大关联。这种观点失之偏颇。一方面，《民法典》作为民事基本法，系国家的骨干基本法，对治国理政具有重要意义，理应含有生态文明方面的制度，为生态环境治理提供制度供给。可以说，要贯彻节约资源和保护环境的基本国策，要实行最严格的生态环境保护制度，要形成绿色的发展方式和生活方式，均离不开《民法典》。另一方面，国家治理（包括生态环境治理）不应当只是指国家或者公权机关依据具有强制性的公法规范，借助行政权力、行政命令进行的治理。这种方式只是一种“他治”，即借助外力的治理。社会成员在法律、政策等的引导下进行的“自治”（主体对自我的管理）以及“互治”（主体相互之间的治理），如果有助于国家治理，也应是国家治理的重要环节。而且这种自治、互治如果真正落到实处，将更有利于国家治理

目标的实现。[1]如果这种观点能够成立的话，这里所说的有利于引导社会成员进行自治、互治的法律，显然并不应局限于公法，而是还应当包括民法等私法。

民事主体在民法规范的指引下进行的自治，是自治最为典型的形态之一。在国家的生态环境治理方面，《民法典》的绿色条款可以说为民事主体提供了充分的自治规范（自我管理规范）。《民法典》第九条规定的“绿色原则”，就是这方面的典范。此条虽然只是一则原则性的条款，但它对民事主体从事民事活动的意义不容忽视。环境问题既然主要产生于民事活动之中，倘若没有民事主体生态环境保护意识的觉醒，仅靠行政权力推动的生态文明建设势必难以成功。由于《民法典》的一个重要功能便是价值宣示，在《民法典》中规定“绿色原则”，无疑能够起到公民环境意识启蒙的作用，使环境保护内化为公民的自觉意识，促使公民在民事活动中遵循生态规律，履行环保义务，进而通过“自我规制”与“外部管制”形成的“两轮驱动”实现从源头保护生态环境的初衷。[2]

除此之外，《民法典》在环境治理方面还为民事主体提供了充分的互治规范（相互管理规范）。互治，指的是主体在交

① 谢晖教授认为，治理在类型或模式上可以分为自治、互治和他治三种方式。无论古代社会还是现代社会，这三种治理方式在很大程度上是互用的。它们可以相互支持、相互补充。今天我们所倡导的法治，在很大程度上是这三种模式的混合体。参见谢晖：《法治讲演录》，广西师范大学出版社2005年版，第30—31页。这一观点颇有创见。当前我们把法治作为治国理政的基本方式，也应当认识到国家治理包括自治、互治和他治三种方式，而不是只包括借助公法、公权力进行的治理（他治）。

② 参见黄锡生：《民法典时代环境权的解释路径——兼论绿色原则的民法功能》，《现代法学》2020年第4期，第106页。

往中形成的相互治理。它通常有一个前提，那就是交往行为中的人们有着大家共同认可、共同遵守的契约或规则。[①]在《民法典》的绿色条款中，能够有助于民事主体实现互治的规范不在少数。以第二百八十六条为例。此条规定意味着：一方面，《民法典》鼓励在特定建筑区域内共同生活的业主群体，通过管理规约对任意弃置垃圾、排放污染物或者噪声等妨碍生态环境的行为进行治理，形成共同认可、共同遵守的规则；另一方面，《民法典》鼓励业主群体借助于法律、法规以及管理规约，以互治的方式进行环境治理，形成有效的监督、制约机制。此外，第二百九十四条也是一条有利于互治的规范。此条规定："不动产权利人不得违反国家规定弃置固体废物，排放大气污染物、水污染物、土壤污染物、噪声、光辐射、电磁辐射等有害物质。"此条的立法意旨在于，通过对不动产权利人排放污染物及有害物质的权利进行一定限制，构建良好的相邻环保关系。虽然第二百八十六条、第二百九十四条的规定看似调整的都只是一些细微的环境问题，但这些规定的意义也是不容忽视的。它们能够起到防微杜渐、化整为零的作用。试想，如果城市内所有的建筑区域（特别是住宅小区）都能够有效地进行环境治理，对于维护城市的生态环境无疑具有巨大作用；如果所有的民事主体都能够积极行使自身在相邻环保关系中的权利，积极履行自身在相邻环保关系中的义务，那么，整个社会的生态环境状况也将会变得更好。

---

① 参见谢晖：《法治讲演录》，广西师范大学出版社2005年版，第20页。

二、绿色条款能够培育民事主体的生态意识和习惯

观念、意识是行动的先导。当前，生态环境状况的恶化以及生态治理的困境，很大程度上与民事主体未能普遍树立良好的生态环境保护意识有关。一个没有良好的生态环境保护意识的人，在经济活动中当然只会顾及自身的个人利益，而不会顾及生态环境这一公共利益。正因如此，要想转变生态环境状况，在全社会建立起维护生态文明的新风尚，需要大力促成民事主体树立正确的生态意识或生态理念。这种理念的外延非常广泛，包括尊重自然、顺应自然、保护自然的理念，人与自然和谐共生的理念，绿水青山就是金山银山的理念，等等。《民法典》中的绿色条款，恰恰能够起到生态理念启蒙的作用。这是因为，现行的和有效实施的法律，对公民的法律意识的树立往往具有重要作用。①一般认为，法律的规范作用体现为五个方面，即指引作用、评价作用、教育作用、预测作用和强制作用。《民法典》中的绿色条款，作为一个整体，恰好能够起到这五个方面的规范作用，从而有利于培育民事主体的生态环境保护意识。例如，《民法典》第九条规定的绿色原则，作为民法基本原则之一，即能起到对民事主体相关民事活动的指引作用、评价作用和教育作用；《民法典》第一千一百二十三条规定的惩罚性赔偿、第一千二百三十五条规定的生态环境修复责任，除了具有指引作用之外，还能起到很好的预测作用和强制作用。

---

① 参见［德］伯恩·魏德士：《法理学》，丁晓春、吴越译，法律出版社 2013 年版，第 43—44 页。

除了有助于培育民事主体的生态意识之外，绿色条款还有助于民事主体在生态环境保护方面形成良好的习惯。良好的生态意识和生态习惯其实是密不可分的。生态意识唯有体现为生态习惯，才能对生态文明建设产生实际意义。毕竟，观念需要落实于行动。那么，为什么说绿色条款有助于民事主体形成良好的生态习惯呢？ 在谈及习惯与法律的关系时，人们通常会从法律渊源的角度看待二者，认为两者系不同的社会规范。主流的观点认为，习惯通常是社会生活中自发形成的惯例，是历史演进的产物，绝非通过有意的创造而产生。①这种认识虽有其道理，但并不全面。实际上，习惯与法律之间存在着双向互动、互相影响的关系。不仅习惯有可能通过立法的途径进入法律领域，成为法律渊源，良好的法律对社会生活中习惯的形成亦有重要作用。制度经济学认为，良好的制度可以为社会交往提供一种确定的结构。制度可以分为内在制度和外在制度。内在制度系在群体内依据经验而演化来的规则，主要包括惯例、习俗和礼貌，等等。外在制度则是通过外在的设计而产生，并且依靠政治行动由上而下强加于社会的规则，主要表现为法律。②但我们应当注意到，内在制度和外在制度并非泾渭分明的关系。良好的外在制度往往有助于一个社会中的内在制度的形成。《民法典》规定的绿色条款，当然属于外在制度。但《民法典》通过规定绿色条款，使之逐渐成为民事主体的行为规范以及人民法院审理案件的裁判规范，必将有助于民事主体在具体的民

① 参见韩忠谟：《法学绪论》，北京大学出版社 2009 年版，第 94 页。

② 参见［澳］柯武刚、［德］史漫飞、［美］贝彼得：《制度经济学：财产、竞争、政策》（第二版），柏克、韩朝华译，商务印书馆 2018 年版，第 130—136 页。

事活动中考虑自身行为对生态环境的影响，必将有助于在社会中形成与生态环境保护有关的内在制度。这种内在制度（主要表现为良好的生态习惯）反过来也会促进作为外在制度的绿色条款的有效实施。

良好的生态理念和生态习惯，对于生态环境保护和生态文明建设具有极为重要的作用。《孟子》中讲道："不违农时，谷不可胜食也；数罟不入洿池，鱼鳖不可胜食也；斧斤以时入山林，材木不可胜用也。"①习近平总书记也曾强调："生态文明是人民群众共同参与共同建设共同享有的事业，要把建设美丽中国转化为全体人民自觉行动。每个人都是生态环境的保护者、建设者、受益者，没有哪个人是旁观者、局外人、批评家，谁也不能只说不做、置身事外。要增强全民节约意识、环保意识、生态意识，培育生态道德和行为准则，开展全民绿色行动，动员全社会都以实际行动减少能源资源消耗和污染排放，为生态环境保护作出贡献。"②毕竟，生态环境问题归根结底是发展方式和生活方式的问题。而发展方式和生活方式的转变，必须依赖于广大民众树立正确的生态意识，形成正确的生态习惯。随着《民法典》绿色条款的逐步落实，可以预见整个社会的生态保护意识和生态习惯将会逐渐得到改善。

三、绿色条款能够有效保护民事主体的环境权益

生态文明建设的最终目的，是满足人民群众对美好生活环境的需要。而人民群众对美好生活环境的需要是否得到实现和

① 万丽华、蓝旭译注：《孟子》，中华书局2006年版，第5页。

② 习近平：《习近平谈治国理政》（第三卷），外文出版社2020年版，第362—363页。

满足，一个重要的衡量标准就是民事主体的环境权益是否能够得到有效的保障。《民法典》虽然主要调整平等主体的自然人、法人和非法人组织之间的人身关系和财产关系，但《民法典》所能够保护的民事权益范围，却并不仅限于人身权和财产权。含有绿色条款的《民法典》，实际上也能够起到保护民事主体的环境权益的作用。有如下两点原因：

一者，在立法技术上，《民法典》综合运用授权性规范与义务性规范来设计绿色条款，能够对民事主体的环境权益形成多维度的保护。相较于《环境保护法》等公法性的法律以规定公民、法人的环境保护义务为主，《民法典》中的绿色条款，既有属于授权性规范的条款，也有属于义务性规范的条款。所谓授权性规范，最基本的特征是直接从正面授予民事主体在保护自身的环境权益方面的请求权，因而也可以被称为“请求权赋予规范”。例如，《民法典》第二百八十六条第二款规定：“业主大会或者业主委员会，对任意弃置垃圾、排放污染物或者噪声、违反规定饲养动物、违章搭建、侵占通道、拒付物业费等损害他人合法权益的行为，有权依照法律、法规以及管理规约，请求行为人停止侵害、排除妨碍、消除危险、恢复原状、赔偿损失。”即为此类规范之典例；在第七编“侵权责任”中，从第一千二百三十二条至第一千二百三十五条，同样均为请求权赋予规范，具有较强的可诉性。再来看义务性规范。义务性规范最基本的特征是明确要求民事主体承担一定的环境保护义务。《民法典》中属于此类规范的绿色条款亦有不少。例如，第二百九十四条要求不动产权利人承担相邻环保义务；第三百二十六条要求用益物权人在行使权利时遵守法律有关保护和合理开发利用资源、保护生态环境的规定；第三百四十六条规定政府在设立建设用地使用权时应当符合节约资源、保护生态环境的要求，并且要求建设用地使用权人遵守法律、行政法规关于土地用途的规定；第五百零九条要求当事人在履行合同过程中应当避免浪费资源、污染环境和破坏生态；第五百五十八条要求当事人在债权债务终止后，应当遵循诚信等原则，根据交易习惯履行旧物回收义务；等等。

值得注意的是，绿色条款中的授权性规范与义务性规范，并不是泾渭分明的关系。有些绿色条款虽然看似属于义务性规范，但从中可以理所当然地推定立法者赋予了公民、法人以请求权，也可以理解为授权性规范。例如，《民法典》第二百九十四条系对相邻环保关系的直接规定，理应在相邻关系的语境下对其中的权利义务进行解释。从此条规定中可以推断出，因不动产权利人排放有害物质受到不利影响的相邻权利人，有权请求相关主体按照相邻环保关系的要求，停止不当行为或者采取必要措施。因而，此条实际上兼有授权性规范与义务性规范的性质。

无论是属于授权性规范的绿色条款，还是属于义务性规范的绿色条款，在保护民事主体的环境权益方面都有其独特作用。属于授权性规范的绿色条款，通过授予民事主体保护自身环境权益的请求权，能够为民事主体保护自身的环境权益提供充分的请求权基础。当民事主体因他人的不当行为遭受环境权益乃至其他人身、财产权益的损害时，有权向人民法院提起诉讼，借助于公权力保护自身的合法权益。而属于义务性规范的绿色条款，在保护民事主体的环境权益方面，也同样能够发挥重要作用。这表现在：其一，相较于具有授权性规范性质的绿色条款，属于义务性规范的绿色条款在促使民事主体自觉保护生态环境方面具有更强的指引作用；其二，具有义务性规范性质的绿色条款如果能够得到民事主体的普遍遵行，将有利于保护所有民事主体的环境权益。这是因为，义务性规范的遵行，往往能够带来一种反射利益。所谓反射利益，即“所有的私人利益之所以享有被保护的机会，并非因其为受保障的主观请求权，而端在于其为一种反射”①。以交通安全为例，《中华人民共和国道路交通安全法》为了实现“维护道路交通秩序，预防和减少交通事故，保护人身安全，保护公民、法人和其他组织的财产安全及其他合法权益，提高通行效率”这一立法目的，采取的方式主要不是赋予与道路交通活动有关的单位和个人在交通安全方面的权利，而是更多地规定了相关主体在遵守交通规则方面的义务。然而，人人遵守交通规则，也就自然享受到了交通安全的利益。这正是一种反射利益。②与此相比，属于义务性规范的绿色条款，在保障民众的环境权益方面同样有此功效。

再者，在法律权益保护范围上，《民法典》坚持环境私益和环境公益一体保障，能够对民事主体的环境权益形成全面保护。环境私益和环境公益是一对既有联系又有区别的范畴。两者的联系表现在：一方面，环境私益依存于环境公益。如果环境公益得不到保障，环境私益也将无从实现。另一方面，环境公益也离不开环境私益。环境公益是否得到保护，往往需要以环境私益的体验程度、实现程度作为衡量标尺。两者的区别表

① ［德］马克斯·韦伯：《法律社会学 非正当性的支配》，康乐、简惠美译，广西师范大学出版社 2011 年版，第 7—8 页。

② 参见梁慧星：《民法总论》（第五版），法律出版社 2017 年版，第 70 页。

现在：（1）环境私益仅涉及个人的利益，而环境公益则涉及多数人乃至全体公众的利益；（2）损害环境公益的行为，虽然可能会使多数人的环境私益受到影响，但并不代表所有个人的环境私益都会受到同等程度的影响；（3）某一污染环境、破坏生态的行为，可能会损害环境私益，但未必一定会使整个的环境公益受到损害。

正是因为环境私益和环境公益存在着复杂的关系，所以法律对于环境权益的保护，必须兼顾私益和公益。在这方面，《民法典》的绿色条款可谓作出了典范。在环境私益保障方面，《民法典》中代表性的条文，主要有第二百八十六条对业主的生态保护义务的规定、第二百九十四条对相邻环保关系的规定、第一千二百二十九条至第一千二百三十三条对因环境污染和生态破坏导致的侵权责任的规定，等等。在环境公益保障方面，《民法典》的相关条文也有不少。例如，在物权编中，《民法典》通过第二百四十七条至第二百五十一条，明确规定了国有自然资源的范围，把矿藏、水流、海域、无居民海岛、城市的土地以及一定范围的森林、山岭、草原、荒地、滩涂等自然资源和野生动植物资源等重要环境要素纳入国有资源范畴，为从全民利益、公众需要的角度分配、管理和保护这些重要资源奠定了权属根基。①此外，规定于合同编中的第五百零九条、第五百五十八条、第六百一十九条、第六百二十五条，规定于侵权责任编中的第一千二百三十四条、第一千二百三十五条，均可以在一定程度上起到维护、保障环境公益的作用。

---

① 参见吕忠梅：《以绿色民法典回应环境民生关切》，《学习时报》2020年6月3日第002版。

总而言之，《民法典》的绿色条款通过采取环境私益和环境公益一体保障、授权性规范与义务性规范两相结合的模式，为保护民事主体的环境权益提供了坚实的法制基础。

第四节　民法典促进生态文明的路径

《民法典》的绿色条款虽然对生态文明建设具有重要促进功能，但绿色条款要想在实践中发挥出应有的作用，尚有诸多工作需要完成。

当前，为了推动《民法典》绿色条款的有效实施，促进生态文明建设，最迫切的任务有如下三点：其一，通过法律法规的修改完善，建立公法与私法的沟通协调机制，为绿色条款的实施提供完善的配套制度；其二，对在解释适用上存在疑难的绿色条款进行学理研究和解读，为绿色条款的实施提供坚实的学理支撑；其三，通过司法实践激活原则性较强的绿色条款，将抽象的绿色条款具体化。

一、建立公法与私法的沟通协调机制

《民法典》规定的绿色条款，是我国生态环境保护制度中的重要组成部分。但应当注意，绿色条款绝不是孤立存在的，它与《环境保护法》《环境影响评价法》《大气污染防治法》《水污染防治法》《土壤污染防治法》《固体废物污

染环境防治法》《森林法》《土地管理法》《循环经济促进法》《清洁生产促进法》等与生态环境保护相关的具有公法性质的法律、法规、规章实际上密切相关。为了有效实施绿色条款，有必要加强同绿色条款相关联、相配套的法律法规制度建设。其实质是通过立法活动建立公法与私法的沟通与协调机制，为绿色条款的实施营造良好的制度环境。否则，绿色条款很有可能成为纸面上好看，却没法得到实施的法律条文。

比如，《民法典》第三百四十六条规定："设立建设用地使用权，应当符合节约资源、保护生态环境的要求，遵守法律、行政法规关于土地用途的规定，不得损害已经设立的用益物权。"此条实际上对有权进行建设用地使用权出让、划拨的地方人民政府及其土地管理部门规定了法定义务。

在我国，建设用地使用权原则上是以国家所有的土地为标的物设定的用益物权。在《民法典》施行之后，地方人民政府及其职能部门如何在设立建设用地使用权的过程中贯彻节约资源、保护生态环境的要求，值得重视。实践中，一些地方政府基于经济利益的考量，极有可能在不对生态环境影响进行充分评估、不征询利害关系人意见的情况下进行建设用地使用权的出让、划拨活动。[1]未来，有必要对《土地管理法》《城市房地产管理法》《城乡规划法》等法律进一步进行修改、完善，形成与《民法典》相配套的建设用地使用权出让、划拨制度。

再如，《民法典》第五百五十八条、第六百二十五条分别规定了合同权利义务终止后的旧物回收义务和买卖合同领域的标的物回收义务。这两个条文实际上也需要借助于具有公法性质的法律法规的配套规定才能真正落实，否则极有可能成为“欠缺适用可能或者实益”的病态法条。[2]在旧物回收方面，我国的法律制度严格来说还不够健全。表现为：一方面，相关法律法规较为零散，不够系统完整。关于旧物回收，现行的《环境保护法》第三十七条、《土壤污染防治法》第三十条和第八十八条、《固体废物污染环境防治法》第六十六条至第六十八条、《循环经济促进法》第十五条、《清洁生产促进法》第二十条、《废弃电器电子产品回收处理管理条例》等法律法规均有

---

① 现实生活中，地方政府往往有招商引资、提高 GDP 的动力。在经济导向的政绩观的影响下，地方政府在建设用地使用权出让等涉及生态保护的事项方面，极有可能将经济绩效置于生态环境之上。这实际上是一种具有“效用比较”特征的执法观念、行政观念导致的结果。所谓效用比较，是一种判断或衡量价值的方法，它要求将污染者带来污染的生产活动的社会经济效用或价值同污染受害者（包括社会）所受损害的社会效用或价值做比较。如果比较的结果表明带来污染的生产活动的社会经济效用超过了受害者所受损害的社会效用，那么，该生产活动就被看作是合理的行为。显然，要改变城市大面积开发、大面积破坏生态环境的状况，必须改变这种执法观念、行政观念。参见吕忠梅：《沟通与协调之途：论公民环境权的民法保护》，中国人民大学出版社 2005 年版，第 163 页；张宝：《环境规制的法律构造》，北京大学出版社 2018 年版，第 140 页。

② 参见刘长兴：《〈民法典〉合同编绿色条款解析》，《法学杂志》2020 年第 10 期，第 24 页。

相关规定。但这些规定比较零散，没有形成一套关于旧物回收的普遍性规则。例如，《土壤污染防治法》只规定了农药、肥料等农业投入品的包装废弃物和农用薄膜的回收，《废弃电器电子产品回收处理管理条例》只规定了废弃电器电子产品的回收。这种分散立法的思路，显然不能够为广泛实现旧物的回收利用或处理提供完善的法律依据。另一方面，相关法律法规的执行过于依赖规章、政策。法律法规应当具有可操作性。将上位法的实施条件转移给下位法或者其他规范性文件进行细化规定，虽然有时不可避免，但长此以往并不合理。其导致的结果往往是，在有关政府部门制定了相应的规章、政策后，相关法律法规条文即有可能得到落实；而在相应的规章、政策尚付阙如的情况下，相关法律法规条文完全成了摆设。例如，《废弃电器电子产品回收处理管理条例》于 2011 年施行后，国家发展和改革委员会会同原环境保护部、工业和信息化部、财政部等部门共同出台了《废弃电器电子产品处理目录（2014 年版）》，使得该条例的适用成为可能。相比之下，《固体废物污染环境防治法》第六十八条、《循环经济促进法》第十五条均提及强制回收的产品和包装物的名录，但该名录及相应的管理办法至今一直未能出台。这无疑导致了法律的强制性规定无法付诸实践。

为了使《民法典》有关旧物回收的绿色条款得到有效实施，有必要对既有的有关旧物回收的法律法规进行体系化的整合，制定统一的“旧物回收法”或“旧物回收管理办法”。即使目前制定统一的法律法规存在难度，有关部门也应当尽快出台规范化的旧物回收目录，避免现有的法律法规欠缺可操作性。值得一提的是，由于旧物回收需要很大的成本（包括运输成本、处理成本等），为了提高产品出卖人等市场主体回收旧物的积极性，未来有必要在相关法律法规中通过规定包括费用补贴、税收优惠等在内的制度，建立起旧物回收的有效激励机制。①

二、对疑难型绿色条款展开学理研究

全面、深入的学理研究，是绿色条款有效实施的前提和基础。从立法沿革的角度来看，《民法典》的绿色条款主要有如下三种类型：第一，保留型绿色条款。即在《民法典》编纂之前，既有民事法律中已有的绿色条款。《民法典》第二百四十六条、第二百四十七条、第二百四十九条至第二百五十一条即为典例。这些条文早在《物权法》中即有规定，《民法典》保持不变。第二，改造型绿色条款。即通过对既有民事法律中的条文进行改造、增补而形成的绿色条款。《民法典》第二百八十六条、第二百九十四条、第三百二十六条、第三百四十六条、第五百零九条、第五百五十八条、第六百一十九条、第一千二百二十九条至第一千二百三十一条、第一千二百三十三条即为典例。这些条款的特征是，在既有民事法律的相关条文中嵌入与生态环境保护相关的内容，使其“绿色化”，或者对原有条款进行适当的修改，使其更为完善。第三，原创型绿色条款。这类条款属于既有的民事法律未曾规定，《民法典》在编纂中首创的制度。《民法典》第九条、第二百四十八条、第六百二十五条、第一千二百三十二条、第一千二百三十四条、第一千二百三十五条即为典例。总体而言，这三类绿色条款在理解和

---

① 例如，可以按照生产商或者销售商回收废旧标的物的数量，对其适当给予一定补贴。对回收、处理旧物成效显著的企业，可以给予一定的税收减免优惠。

适用的难易程度上是依次递增的。保留型绿色条款在理解和适用上基本不存在太多疑难。而改造型绿色条款和原创型绿色条款则因较为新颖，在理解和适用上往往存在一定困难。为了有效实施《民法典》的绿色条款，有必要对这两类绿色条款进行深入的学理研究。

在原创型绿色条款方面，《民法典》第一千二百三十四条的解释适用颇值得研究。对于该条，目前学界已展开一定探讨。例如，吕忠梅教授认为，此条及第一千二百三十五条通过增设生态环境损害赔偿请求权主体与赔偿范围的规定，首次为我国的“绿色诉讼”（环境民事公益诉讼）提供了完整的请求权依据，为构建现代环境治理体系提供了实体法基础。①王立争、王金香曾从救济对象、恢复标准、救济方式等方面，比较了此条规定的生态环境修复责任与恢复原状的区别，认为应将生态环境修复责任作为一种独立的法律责任形态予以对待。②但此条值得研究的问题仍有很多。例如，此条规定的生态修复责任与公法上的限期治理有何区别？③ 在相关法律法规规定了

---

① 参见吕忠梅：《中华传统智慧铸就绿色民法典》，《中国社会科学报》2020 年 8 月 12 日第 008 版。

② 参见王立争、王金香：《民法典中的生态环境修复责任》，《天津法学》2020 年第 3 期，第 36—37 页。

③ 关于限期治理，按照《水污染防治法》第八十五条的规定，有向水体排放油类、酸液、碱液等九类行为之一的，由县级以上地方人民政府环境保护主管部门责令停止违法行为，限期采取治理措施，消除污染，处以罚款；逾期不采取治理措施的，环境保护主管部门可以指定有治理能力的单位代为治理，所需费用由违法者承担。此外，《环境行政处罚办法》第十二条对责令改正或者限期改正违法行为的行政命令的具体形式进行了规定，其中包括“责令限期治理”。当然，也有部分法律法规采取了与“责令限期治理”不同但较为类似的措辞。例如，《森林法》第七十三条使用的措辞为“责令限期恢复植被和林业生产条件”。

限期治理制度的情况下，此条之规定到底有无必要？国家规定的机关或者法律规定的组织对侵权人提起民事诉讼，是否应以生态环境主管部门没有及时追究侵权人的行政责任为前提？当私法上的生态修复责任与公法上的限期治理责任发生竞合时，如何处理？这些问题，无一不需要进行研究、论证，而学界目前的研讨相对较少。①如果不对这些基本问题进行研究、论证，对于此条的解释适用妨碍极大。

在改造型绿色条款方面，于解释适用上存在疑难的条款亦有不少。以《民法典》第六百一十九条为例。此条规定了标的物的包装方式，系对《合同法》第一百五十六条增补而来。按照《合同法》第一百五十六条的规定，没有通用包装方式的，应当采取足以保护标的物的包装方式。此条则规定，没有通用包装方式的，应当采取足以保护标的物且有利于节约资源、保护生态环境的包装方式。杨立新教授等学者认为，此条对出卖人的绿色包装方式之要求，主要是针对电商。在网购的背景

① 对于《民法典》第一千二百三十四条之规定的必要性，笔者持有如下观点：一方面，此条之规定能够与《民事诉讼法》第五十五条、《环境保护法》第五十八条关于环境民事公益诉讼的规定相互衔接，为国家规定的机关或者法律规定的组织请求侵权人承担生态修复责任提供请求权基础；另一方面，在出现生态环境损害之后，负有执法职责的生态环境主管部门可能会出现不积极履行法定职责，对相关主体在公法上的法律责任不予追究的情况，或者并不认为相关主体负有公法上的责任（比如行为人虽然实施了污染环境的行为，但其行为没有超过法定的排污标准），此条之规定恰好能够弥补这一不足，因而极为必要。对于生态修复责任与公法上的限期治理责任的竞合问题，笔者认为，如果行为人已经承担了公法上的限期治理责任，且达到了生态修复的标准，则不应再承担私法上的生态修复责任；行为人承担了私法上的生态修复责任后，也不应再承担公法上的限期治理责任。当然，承担私法上的生态修复责任，不能作为行为人应承担的公法上的其他种类责任（比如警告、罚款、行政拘留、责令停产等）的免责事由。

下，大量的货物都需要进行包装，然后通过快递进行运输。在收货人拆除快递包装后，纸箱、胶带等将会大量浪费，且容易产生环境污染。①这一观点有其道理。实际上，除了网购之外，日常生活中的其他买卖行为也可能会涉及标的物的过度包装问题。此条在解释适用上至少存在两个疑难问题：其一，在标的物没有通用包装方式时，买受人可能会对标的物的包装方式提出过分的要求。当买受人要求的包装方式不利于节约资源、保护生态环境时，出卖人是否可以拒绝？ 其二，如果出卖人拒绝买受人对标的物的包装方式的过分要求，采取足以保护标的物且有利于节约资源、保护生态环境的包装方式包装标的物，标的物在运输过程中发生毁损、灭失，出卖人是否可以免责？ 这两个问题，由于现行法缺乏相应规定，很难说有标准的答案。正因如此，亟待学界予以精细化的研究，为实务提供规则指引。

三、通过司法实践将绿色条款具体化

《民法典》规定的绿色条款中，有相当一部分条文比较明确、具体，可以直接援引为司法裁判的依据。但与此同时，也有部分条文规定得较为简洁甚至过于原则，需要通过司法实践将其适用范围、构成要件、法律效果等要素予以具体化，找准其在解释适用上的规律。否则，绿色条款极有可能成为“休眠条款”。在这方面，《民法典》第一千二百三十二条关于惩罚性赔偿的规定、第一千二百三十五条关于生态环境损害赔偿的规定，可作为最好的分析素材。《民法典》第一千二百三十二

---

① 参见杨立新、李怡雯：《中国民法典新规则要点》，法律出版社2020年版，第340页。

条规定："侵权人违反法律规定故意污染环境、破坏生态造成严重后果的，被侵权人有权请求相应的惩罚性赔偿。"此条是《民法典》就环境污染和生态破坏责任规定的新规则。此条在语义上看似不存在任何模糊之处，但从可操作性的角度来看，仍属于一则原则性较强的条文。例如，如何理解此条所说的"造成严重后果"？ 有学者认为，所谓"造成严重后果"，通常表现为受害人的死亡或者健康受到严重损害。[①]而有学者则认为，所谓"造成严重后果"，人身损害、财产损害、生态环境损害均应包括在其中，但一般不宜支持以单纯的财产损害为基础的惩罚性赔偿请求。[②]这些理解均有其道理，但恐怕不足以为司法实践提供具有普遍性意义的指导。要科学界定此条所说的"严重后果"，必须依赖司法实践经验的累积。亦即，由人民法院在一系列案件中通过考虑具体情事，将之具体化。原因在于，从法解释学的角度来说，"严重后果"是一个开放的不确定法律概念，内涵和外延均不确定。需要法官在具体案件中对其进行价值补充，根据具体案情确定其含义。[③]此外，此条所说的"相应的惩罚性赔偿"，在实践中如何把握，不无疑问。从条文类型来说，此条属于"委托授权式规定"，即立法机关授权司法机关在具体案件中斟酌具体情事确定惩罚性赔偿的具体数额。这种具体情事，是否应当包括对侵权人予以惩罚的必要性、对被侵权人予以保护的必要性、侵权人的赔偿能力、被侵

---

① 参见杨立新、李怡雯：《中国民法典新规则要点》，法律出版社2020年版，第659页。

② 参见王旭光：《〈民法典〉绿色条款的规则构建与理解适用》，《法律适用》2020年第23期，第29页。

③ 参见梁慧星：《民法解释学》（第四版），法律出版社2015年版，第293—294页。

权人受损害的程度等，同样值得探究。

再来看《民法典》第一千二百三十五条。按照此条之规定，违反国家规定造成生态环境损害的，国家规定的机关或者法律规定的组织有权请求侵权人赔偿五类损失和费用。在法定的五类损失和费用中，此条第（三）项至第（五）项规定的费用，基本属于根据实际发生额可以具体确定的费用。但第（一）项规定的“生态环境受到损害至修复完成期间服务功能丧失导致的损失”，以及第（二）项规定的“生态环境功能永久性损害造成的损失”，相比之下则不太容易确定。所以，此条之规定要想在实践中落实，非依赖司法判例不可。易言之，需要通过广大法官的探索，对如何确定各种因生态环境损害导致的损失和费用的评估方法或计算方法予以具体化。实际上，早在《民法典》颁布之前，司法实践中已有相关判例在此方面作出了有益探索。本案中，被告在沛县经济开发区倾倒三桶硫酸废液，对土壤造成严重污染。但污染发生时间长达三年有余，且倾倒地已进行工业建设，已无法将受损的土壤完全恢复。江苏省徐州市中级人民法院根据《环境损害鉴定评估推荐方法（第Ⅱ版）》和原环境保护部《关于虚拟治理成本法适用情形与计算方法的说明》，对倾倒三桶硫酸废液所产生的生态环境修复费用，通过适用“虚拟治理成本法”予以确定。[①]第一千二

① 原环境保护部曾编制有《关于虚拟治理成本法适用情形与计算方法的说明》。其中规定，符合下列情形之一的，可以适用“虚拟治理成本法”（计算公式为：污染物排放量 ×污染物单位治理成本 ×受损害环境敏感系数）：（1）排放污染物的事实存在，由于生态环境损害观测或应急监测不及时等原因导致损害事实不明确或生态环境已自然恢复；（2）不能通过恢复工程完全恢复的生态环境损害；（3）实施恢复工程的成本远远大于其收益的情形。

百三十五条规定的“生态环境功能永久性损害”，与《关于虚拟治理成本法适用情形与计算方法的说明》所规定的“不能通过恢复工程完全恢复的生态环境损害”基本相同，故而理应可以适用“虚拟治理成本法”。今后，随着司法判例的积累，“虚拟治理成本法”或许将成为计算“生态环境功能永久性损害”的普适性方法。当然，不排除人民法院在司法实践中可能会根据实际情况总结出新的更为科学的方法。

虽然通过司法实践将抽象的条文具体化，对绿色条款的有效实施极为重要，但在裁判实践中援引绿色条款时，也应当做到合法、合理，恰如其分。不能在不考虑具体案情的情况下随意援引绿色条款。否则，将导致绿色条款的滥用，对绿色条款实际功能的发挥极为不利。以《民法典》第九条规定的绿色原则为例。目前，此条已经成为司法实践中援引概率最高、援引次数最多的绿色条款。法院在物权、合同、侵权等领域都有适用绿色原则的印记。绿色原则对民事主体权利的限制、义务的产生、责任承担的方式等均能产生实质性的影响。①但这是否意味着人民法院已经对绿色原则的司法适用规律形成了理性的认识呢？ 通过审视既有判例可以发现，当前人民法院对绿色原则的司法适用呈现如下几种情形：第一种情形是绿色原则与案情具有密切关联，法院在充分说理后将《民法典》第九条作为裁判依据之一。此类案件通常表现为通过绿色原则确定当事人是否应当承担“返还财产”或“恢复原状”等民事责任。在此类案件中，《民法典》第九条不仅可以用于评价案件当事人的行

---

① 参见叶熙昊：《绿色原则的司法适用：裁判概览、误读与澄清》，《现代法治研究》2020 年第 1 期，第 48—49 页。

为，而且还可以用于确定当事人之间的权利、义务与责任，法院将之作为判决依据自无不当。第二种情形是绿色原则与案情虽然具有一定程度的关联，但不宜作为裁判依据，而法院仍将《民法典》第九条作为裁判依据之一。此类案件的特点是绿色原则虽可以用于评价案件中当事人的行为，但案涉争议通常已有明确的法律依据，援引绿色原则作为裁判依据纯属多余。第三种情形是绿色原则与案情关联不大，甚至并无直接关联，但法院在缺乏必要说理的情况下将《民法典》第九条作为裁判依据之一。在此类案件中，《民法典》第九条实际上既不能用于评价案件中当事人的行为，也不能作为案件的判决依据，法院予以援引并不妥当。这说明，当前人民法院对于如何适用绿色原则还没有形成理性的认识。未来，有必要通过发布指导性案例的形式，对绿色原则针对的主要案型、适用条件、适用方法等作出正确的引导。

习近平总书记曾强调，实施好民法典，重点要做好以下工作：第一，加强民法典重大意义的宣传教育。第二，加强民事立法相关工作。第三，加强民法典执法司法活动。第四，加强民法典普法工作。第五，加强我国民事法律制度理论研究。[①]这一论断无论是对整部《民法典》的实施而言还是对《民法典》的具体制度而言，均具有重要意义。《民法典》虽然通过绿色条款为新时代推进生态文明建设提供了坚实的制度保障，但绿色条款的实施实际上是一个涉及普法宣传、立法统筹、法律实践、法学研究等多方面要素密切协作的系统工程。其中，普法

---

① 参见习近平：《充分认识颁布实施民法典重大意义 依法更好保障人民合法权益》，《中国人大》2020 年第 12 期，第 7—9 页。

宣传可以增强人民群众的生态环境法治意识，立法统筹可以促成不同法律部门的有效合作，法律实践可以使绿色条款产生实际效力和权威，法学研究可以为绿色条款提供解释论的支持。如果绿色条款能够得到有效落实，必将能够为绿色发展方式和生活方式之形成、良好生态环境之营造、生态文明之维护、美丽中国之建设作出重大贡献。本章虽然尝试将《民法典》置于生态文明建设的整体框架内进行解读、思考，以《民法典》规定的绿色条款为核心，重点对《民法典》的生态文明促进功能及其实现机制进行了研究，但就《民法典》与生态文明建设的关系而言，尚有诸多问题值得探究。特别是，《民法典》的绿色条款，其实涉及了自然资源的权属与利用、相邻环保关系的维护、建设用地使用权的设立、旧物回收的实施、住宅小区生态环境治理等多个与社会经济发展密切相关的问题，它们在很大程度上构成了在民事法律领域推进生态文明建设的重要着力点。对于这些问题，今后有必要继续从微观层面展开专题研究。

《民法典与国家治理》作者简介

喻　中

中国政法大学教授，著有《论授权规则》《法理四篇》《论中国法的精神》《权力制约的中国语境》《社会主义法治理念概论》《西方法律经济学批判》《宪法社会学》《乡土中国的司法图景》《法学是什么》《自由的孔子与不自由的苏格拉底》《梁启超与中国现代法学的兴起》《法律文化视野中的权力》《中国法治观念》《法家三期论》《法家的现代性》《在法律思想的密林里》《风与草：喻中读尚书》《法与术：喻中读韩非》《法律地理学》《法学方法论》等。

阳　李

1986年出生，四川资阳人，经济学博士。现为成都中医药大学马克思主义学院讲师。硕士、博士分别毕业于西南财经大学、首都经济贸易大学。近年来在《制度经济学研究》《广东财经大学学报》《南京大学法律评论》等期刊发表论文10余篇。主要研究方向为行政法学、法律经济学。

李凌云

1991年出生，江西赣州人，法学博士。现为北京物资学院法学院讲师。先后毕业于西北政法大学、首都经济贸易大学、苏州大学。近年来在《中国环境管理》《江苏社会科学》《法律适用》《苏州大学学报》等刊物发表论文20余篇，多篇被人大复印报刊资料《宪法学、行政法学》全文转载。主持中国法学会部级重点课题、江苏省科研创新计划项目，参与教育部重大课题、江苏省社科基金、北京市应急管理局调研课题多项。主要研究方向为行政法、物流法。

吴　倩

1995 年出生，河北沧州人，现为中国政法大学博士研究生。曾主持和参与《对冲动性暴力犯罪青少年社区矫正的实证研究》《社区矫正教育帮扶体系比较研究》《革命根据地社区矫正理念及其当代应用研究》等项目，发表《循证矫治视角下对冲动性暴力犯罪青少年的社区矫正》等论文。主要研究方向为法理学、法社会学。

侣连涛

1980 年出生，山东郓城人，经济学博士。现为山东科技大学政法系副教授、硕士生导师。先后毕业于山东科技大学、昆明理工大学、首都经济贸易大学。近年来在《中国农村研究》《制度经济学研究》等期刊发表论文 30 余篇。主要研究方向为马克思主义法学、农村土地法律制度。

张青卫

1991 年出生，湖北京山人，经济学博士。现为西安财经大学法学院讲师。先后毕业于三峡大学、西北政法大学、首都经济贸易大学。近年来在《理论探索》《法律方法》《首都法学论坛》等期刊发表论文数篇。主要研究方向为法理学、经济法学。